世界经典名车译丛

跃马之心
揭秘法拉利发动机技术

1947 年至今的 15 台标志性法拉利发动机揭秘

【意】 弗朗西斯科·雷吉亚尼（Francesco Reggiani） 编著
基思·布卢梅尔（Keith Bluemel）

王若冰 译

精美图片解析揭秘法拉利公路跑车发动机的设计、工程和机械艺术

机械工业出版社
CHINA MACHINE PRESS

《跃马之心：揭秘法拉利发动机技术》选取了15台颇具里程碑意义的法拉利跑车发动机，作者运用了"独特"的视角为读者展现了这些设计精湛的机械艺术品的内部构造。从1949年安装在195 Inter上的第一代法拉利V12发动机，到V6发动机，再到自然吸气和涡轮增压的V8发动机和水平对置V12发动机，直至最新的6.3升V12发动机（安装在四轮驱动的FF上）为止，本书都进行了详细介绍，并附上部分部件、发动机以及整车照片。此外，书中还列出了每台发动机和汽车的相关历史和技术概述以及发动机规格参数，使读者可以了解法拉利的工程进展和技术创新的历史。

本书详解了法拉利各个时期发动机的特点，对于汽车爱好者，特别是法拉利的粉丝和对汽车工程感兴趣的读者，以及想欣赏法拉利超级工程机械艺术的读者来说，阅读本书都是一次饕餮盛宴。

Ferrari Engines Enthusiasts' Manual/ISBN: 978-1-78521-208-6

Originally published in English by Haynes Publishing under the title: Ferrari Engines Enthusiasts' Manual written by Francesco Reggiani and Keith Bluemel, © Francesco Reggiani 2018.

This title is published in China by China Machine Press with license from Haynes Publishing. This edition is authorized for sale in China only, excluding Hong Kong SAR, Macao SAR and Taiwan, Unauthorized export of this edition is a violation of the Copyright Act. Violation of this Law is subject to Civil and Criminal Penalties.

本书由Haynes Publishing授权机械工业出版社在中国境内（不包括香港、澳门特别行政区及台湾地区）出版与发行。未经许可之出口，视为违反著作权法，将受法律之制裁。

北京市版权局著作权合同登记图字：01-2018-7091号。

图书在版编目(CIP)数据

跃马之心：揭秘法拉利发动机技术/(意)弗朗西斯科·雷吉亚尼(Francesco Reggiani)，(意)基思·布卢梅尔(Keith Bluemel)编著；王若冰译．— 北京：机械工业出版社，2020.9

（世界经典名车译丛）

书名原文：Ferrari Engines Enthusiasts' Manual

ISBN 978-7-111-66064-4

Ⅰ.①跃… Ⅱ.①弗… ②基… ③王… Ⅲ.①汽车—发动机—构造 Ⅳ.①U464

中国版本图书馆CIP数据核字(2020)第126476号

机械工业出版社（北京市百万庄大街22号　邮政编码100037）
策划编辑：李　军　　　责任编辑：李　军　徐　霆
责任校对：王　欣　肖　琳　责任印制：孙　炜
北京华联印刷有限公司印刷
2020年11月第1版第1次印刷
184mm×260mm・15.75印张・2插页・378千字
标准书号：ISBN 978-7-111-66064-4
定价：168.00元

电话服务　　　　　　　网络服务
客服电话：010-88361066　机　工　官　网：www.cmpbook.com
　　　　　010-88379833　机　工　官　博：weibo.com/cmp1952
　　　　　010-68326294　金　　书　　网：www.golden-book.com
封底无防伪标均为盗版　　机工教育服务网：www.cmpedu.com

前言 Foreword

恩佐·法拉利（Enzo Ferrari）的梦想和愿景是拥有一辆装备 V12 发动机同时富有美感的轻型汽车，可用于竞赛的同时也同样适合乡间道路，为驾驶者提供性能体验和兴奋感。在成为阿尔法·罗密欧（Alfa Romeo）的试车员一段时间后，恩佐统领着以自己的名字命名的"法拉利赛车队"，但由于与阿尔法·罗密欧公司管理层存在不可调和的分歧，他与阿尔法·罗密欧分道扬镳。

在恩佐管理阿尔法·罗密欧车队期间，著名的"跃马"标志开始出现在车队的汽车上。这枚徽章是第一次世界大战中的飞行员弗朗西斯科·巴拉卡（Francesco Baracca）送给恩佐的礼物。⊖ 巴拉卡在 1918 年被击落，为了纪念他，恩佐决定把黑色跃马标志放在一个代表了摩德纳——法拉利诞生地的黄色盾牌上。

恩佐与阿尔法·罗密欧签订的遣散合同使他在至少 4 年内不能用自己的名字命名汽车。因此，在与阿尔法·罗密欧分手后，1939 年，他创办了自己的第一家汽车制造公司，取名为 Auto Avio Costruzioni。通过在一个曲轴上匹配两台菲亚特 508 发动机，他制造了两辆 815 AAC Spiders，这款车安装一台直列 8 缸发动机。直到 1947 年，恩佐·法拉利才从与阿尔法·罗密欧的合同中解脱出来，能够制造带有自己名字的汽车和发动机。几十年后，该公司成为世界上久负盛名、备受尊敬的为汽车爱好者实现速度梦想的生产商。著名的 V12 发

⊖ 译者注：跃马徽章是弗朗西斯科·巴拉卡的母亲在 1923 年授权给恩佐·法拉利使用的。

动机（以及直列4缸、直列6缸、V6、V8和V10发动机）——由天才的工程设计大师们，如乔克诺·克罗布（Gioachino Colombo）、朱塞佩·巴兹（Giuseppe Busso）、奥雷利奥·兰普蕾蒂（Aurelio Lampredi）、维托里奥·加诺（Vittorio Jano）、吉奥托·比齐拉尼（Giotto Bizzarrini）、毛罗·福格里（Mauro Forghieri）、尼古拉·马特拉齐（Nicola Materazzi）、朱利亚诺·德·安吉利斯（Giuliano de Angelis）、安吉洛·比利（Angelo Bellei）和弗朗科·罗奇（Franco Rocchi）等设计，堪称具有美学价值的机械艺术杰作。如维也纳歌剧院的艺术总监赫伯特·冯·卡拉扬（Herbert Von Karajan）评价的那样，"伴随着犹如交响乐队演奏的神来之音，时至今日仍然展现着杰出的性能。"

这本书的构思是在过去五年令人兴奋的工作中产生的，在此期间，我完成了由马拉内罗工厂制造的一些最美丽的法拉利汽车的修复工作。在用拍照记录各种迷人的修复步骤的过程中，我开始意识到，不仅是我已了如指掌地对各种形状的车身提供了一种独特的审美价值，而且直到我拍摄被拆解的发动机之前，从没有想到这些发动机舱内部隐藏的机械部件会这么有趣。我爱上了这些野兽般搏动着的"心脏"，开始拍摄组装和拆卸后的发动机部件，并研究法拉利制造的这些工程杰作。

在这本书中，我们选择了15款发动机，代表法拉利故事的重要里程碑：各种配置、排量和燃料系统的发动机，并展示了各种技术创新。它们可以被认为是顶尖的工程师运用天才和艺术能力的结晶，并且这些发动机还要兼顾汽车外形设计师需要的美学考量。

弗朗西斯科·雷吉亚尼
（Francesco Reggiani）
2018年7月

↓ 书中出现的所有照片都是在多位法拉利工程专家与作者一起建立的临时"摄影棚"内现场拍摄的。

Acknowledgements 致谢

这本书中展示了一系列重要的发动机，讲述了几十年来法拉利动力的故事，如果没有致力于修复和维修跃马（法拉利）发动机最重要的工程专家们的合作、支持和耐心帮助，是不可能完成的。

我要特别感谢 Toni 汽车工厂的工作人员，他们是 Ilvano Toni、Davide Toni、Andrea Toni、Vincenzo Conti、Marcello Silferi 和 Alessandro Ovile，他们工厂的地址就在马拉内罗法拉利工厂的前面。

特别感谢所有专业工作室的帮助，让我能够拍摄书中展示的一些发动机：Autofficina Omega Zane（VI）的 Corrado 和 Guido Patella；Maranello Service Calvatone（CR）的 Alessandro Peraro；Autofficina Bonini Cadelbosco di Sotto（RE）的 Carlo 和 Renato Bonini；Forza Service Torino（TO）的 Aldo Carrabs；Motor Service Modena（MO）的工程师 Vincenzi；Autofficina Sauro Bologna（BO）的 Angelo Rizzoli；Colpani Motori Poncarale（BS）的 Maurizio Colpani；Rosso Monza Officina Ferrari Concorezzo（MB）的 Gesuita；GPS Classic Soragna（PR）的 Tommaso Gelmini.

感谢 Ellisse 工作室的 Sergio Abate，以及 Duerre Tubi Style group S.p.A。

感谢 ASI 汽车俱乐部委员洛伦佐·贝尔特拉米（Lorenzo Beltrami）抽出时间与我们分享他的知识和经验。

非常感谢 Autodromo di Marzaglia 的 Alberto Nobile 和 Pietro Gandolfi 的亲切协助。

特别感谢我的朋友 Andrea Galletti，在我访问伦敦期间的多次招待。

特别感谢法拉利专家基恩·布卢梅尔（Keith Bluemel），他在百忙之中抽空为我检查措辞的准确性，并添加了一些见解和细节。

衷心感谢 Steve Rendle，感谢他从我给他发的第一封电子邮件起就对我想法的信任，以及在这个复杂的项目实现过程中的支持。

最后，感谢所有在这本书中展示的美丽的法拉利的车主们，他们接受了我频繁提出的为他们的汽车拍照的奇怪要求。

弗朗西斯科·雷吉亚尼
（Francesco Reggiani）

← 一个工程艺术品：安装了四组三联装韦伯 40 IF3C 化油器的法拉利 365 GT4 BB 的发动机。

"在我刚刚起步时,不顾所有人的建议,想要制造一台12缸发动机,很多人都认为这台发动机将让我的野心化为泡影,但在它的众多的后代和孙辈身上,依然能辨识出它的身影。我进行过从8缸到6缸乃至4缸的所有尝试,但总是会回归到最偏爱的12缸发动机。"

恩佐·法拉利
1985年,恩佐对1946年至1985年法拉利发动机特点的一次总结

目录 / Contents

前言	3
致谢	5

195 Inter — 8
第一代法拉利 V12 发动机（1949）

340 America — 24
长缸体 V12 发动机（1950）

250 California — 40
经典标志性 V12（1957）

250 LM — 56
第一台后置发动机的法拉利"公路跑车"（1963）

275 GTB — 72
变速差速器时代的到来（1964）

330 GTS — 88
能力的提升（1966）

Dino 246 GTS — 104
与菲亚特合作的产物（1972）

365 GT4 BB — 120
第一辆水平 12 缸发动机的法拉利公路跑车（1973）

308 GTB — 136
V8 时代的到来（1975）

208 Turbo — 152
第一辆使用涡轮增压发动机的法拉利公路跑车（1982）

GTO（288） — 168
双涡轮增压超级跑车（1984）

512 TR — 184
水平 12 缸时代的结束（1992）

456 GT M — 200
V12 发动机回归前置（1998）

360 Modena — 216
V8 发动机的重生（1999）

FF — 232
第一台搭配四驱系统的法拉利发动机（2011）

更多的公路跑车发动机 — 249

赛车发动机 — 250

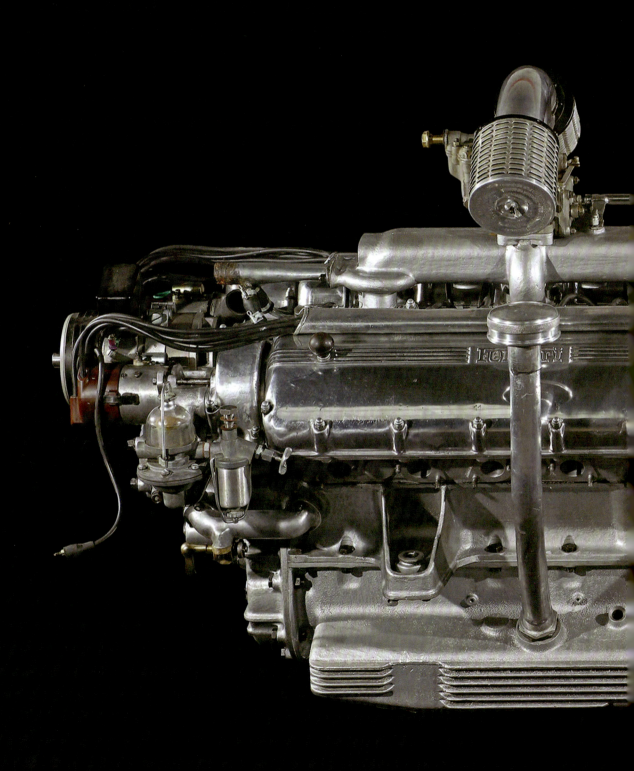

195 Inter
第一代法拉利 V12 发动机（1949）

← 195 的发动机的气缸上仍然铸造着沿袭自前代 2.0 升发动机的 166 编号。

← 钢连杆的大端的倾斜折角——这是 20 世纪 50 年代法拉利发动机的典型特征。

当法拉利公司（简称法拉利）第一次开始制造发动机时，用单个气缸的容积数字来作为汽车的型号。所以，要算出发动机的总容积，就必须用这个编号乘以气缸的数量。例如，195 型的总容量是 195 × 12 = 2340 毫升。这种命名系统成为法拉利未来许多年的特色。恩佐·法拉利用几个不同的车身制造商为他的汽车制造车身，因此，这些汽车被称为 Fuori Serie（特别制造的），因为每辆车的形状都不一样。1950—1951 年生产的这款极为罕见的 195 型发动机仅装配了 32 辆汽车，由当时的意大利设计师大师吉亚（Ghia）、Motto、图瑞（Touring）和维格纳（Vignale）等人设计。195 型发动机与以前的 166 型发动机非常相似（只装配了 39 辆汽车），但是，不同的活塞和更大的缸内径将发动机容量增加到 2.3 升，而不是 166 型发动机的 2.0 升。与法拉利制造的许多其他发动机一样，195 型发动机的诞生直接源于竞赛需要，并且由于这一原因，每一台公路发动机都有细节变化。如果客户希望驾驶他们的法拉利赛车参加比赛，则可以对其进行改进以增加动力。

当法拉利第一次开始制造汽车时，V12 发动机的地位比现在的发动机更珍贵，更令人着迷，不仅是因为它们的产量要小得多，而且是因为在第二次世界大战后的年代里，V12 发动机就像是来自外星球的东西！

赛车比赛是法拉利存在的基础，法拉利品牌就是建立在 V12 发动机概念上的。第一台法拉利 V12 发动机是由工程天才乔克诺·克罗布（Gioachino Colombo）制造的 1497 毫升排

↖ 铸造在铝制凸轮轴盖上的 Ferrari 字样。

← 离合器外壳用螺栓安装在发动机下部的铸铝外壳上。

量的 125 发动机，乔克诺·克罗布的设计技巧让恩佐对 V12 的布局充满信心，并在 1946 年由法拉利技术部主管朱塞佩·巴兹（Giuseppe Busso）付诸现实。125 型 V12 发动机的应用实例只有两台，分别为"Alaspessa"Barchetta 和双座"Sigaro"125S Competizione 提供动力。

第一款限量生产的法拉利发动机是 166 型（1995 毫升），和 125 型一样，最初是为了竞赛而制造的，随后装配到双门轿跑车（Coupe）、双门跑车（Berlinetta）和敞篷跑车（Spider）等公路跑车上使用。由图瑞车身制造厂（Carrozzeria Touring）制造的敞篷跑车，车身的侧面向汽车下面弯曲，使得它们被当时的意大利汽车媒体称为 Barchetta，这个名字从那时起一直沿用至今。以当时的标准而言，这台发动机提供了出色的性能，给驾驶者提供了极大的刺激。166 型发动机包括运动车和内部测试款只生产了 40 台，这些车型同样使用来自不同制造厂的车身。195 型发动机作为 2.0 升发动机的改进款，最初于 1949 年制造，并于 1950 年装配

↑ 一个气缸盖上的气门——六个进气门和六个排气门。

在 195 内测款（非销售）维格纳（Vignale）跑车上，并在巴黎车展上亮相。这款发动机总共生产了 32 台，其中 4 台用于竞赛。这款升级的发动机提供了更好的性能，功率输出在 7000 转/分时达到 125 千瓦。其中一台发动机用于一辆特制的 166 MM Barchetta Touring（底盘编号为 0020M）。第二台则安装在 166 MM Touring Berlinetta（底盘编号 0026M），并在当年由詹尼诺·马尔佐托（Giannino Marzotto）和马可·克

↓ 195 型发动机缸体与之前的 166 型相同，加大了气缸缸径，以达到 2.3 升的排气量。

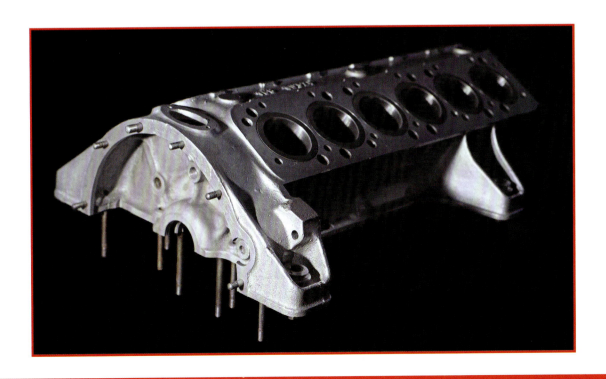

洛萨拉（Marco Crosara）驾驶赢得了1950年的一千英里耐力赛。第三辆166 MM改装为2.3升发动机，它是一辆Touring Barchetta（底盘编号0038M），在同年的一千英里耐力赛中，由塞拉菲尼（Serafini）和萨拉尼（Salani）驾驶取得第二名，紧随其后的是传奇车手胡安·曼纽·方吉奥（Juan Manuel Fangio）驾驶的2500毫升阿尔法·罗密欧6C跑车。

第四辆（也是最后一辆）是Touring Berlinetta（底盘号0060M），由多利诺·塞拉菲尼（Dorino Serafini）和雷蒙德·索莫尔（Raymond Sommer）驾驶参加了勒芒大赛，但未能完赛。有趣的是，1951年，在交付不到一年的时间里，一辆内测款166 Coupe Touring（底盘编号051S）被送回维格纳车身制造厂（Carrozzeria Vignale）改装成一辆敞篷车，并装配了一台全新的2341毫升V12发动机。实际上，195发动机总共为25辆（包括内测款）车提供了动力，除已经提到的这些型号外，还有其他166型号的发动机被升级到了195规格。吉亚（Ghia）和维格纳（Vignale）分别制造了10辆车的车身，同时图瑞（Touring）生产了3台车身，Motto和Ghia Aigle分别生产了1台车身。顺便说一句，Ghia Aigle是一家总部位于瑞士的汽车制造商，也是第一家为法拉利提供车身的非意大利汽车制造商。法拉利采用的是195 EL（Export Lungo）底盘，这种底盘的轴距略长，为2550毫米，比该系列其他常规车型的2500毫米长。这比166型车长80毫米，以便为驾驶舱创造更大的空间。这些奢华法拉利的制动系统是由液压制动管路与四个巨大的12英寸直径的铝鼓构成。博拉尼（Borrani）钢丝车轮作为标准配置，根据车身的

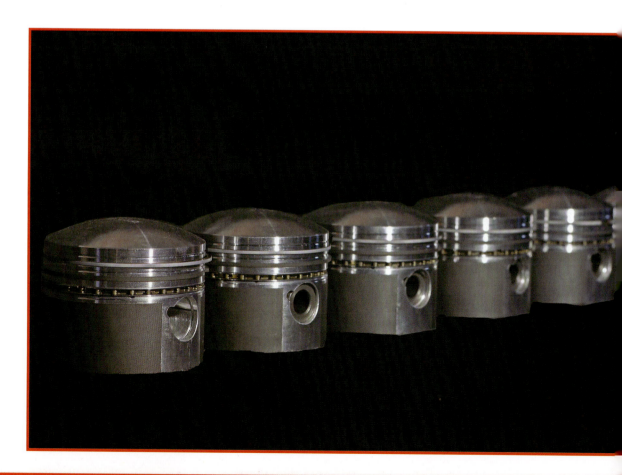

不同，大多数内测款车的重量在 1000 千克左右。

第一代 12 缸法拉利发动机被称为短缸体发动机，因为相邻缸孔中心之间的距离只有 90 毫米。除了气缸孔中心距为 108 毫米的长缸体布局的奥雷利奥·兰普蕾蒂发动机外，短缸体 90 毫米配置一直保持不变，直到 1966 年 330 GTC 的出现，全新引入的短缸体发动机孔中心距增加到 94 毫米。195 型发动机仍然是基于乔克诺·克罗布最初的 V12 项目，在 125 型发动机之后，乔克诺·克罗布和路易吉·巴兹（Luigi Busso）一起开发了 166 型发动机，乔克诺·克罗布后来成为法拉利的外部顾问并设计了 195 型发动机。为了增加 195 型赛车所需的气缸容量，法拉利工程师将缸径增加了 5 毫米（从 166 型发动机的 60 毫米增加到 65 毫米），保持了同样的行程（58.8 毫米）。所有这些发动机都是在 1950 年到 1951 年之间生产并装配到法拉利 195 型汽车上的，序列号都是奇数（就像马拉内罗所有的公路跑车一样），遵循这种模式从 081S 开始，到 0195EL 结束。

奇怪的是，可能由于法拉利当时的经济状况不太好，195 型发动机缸体仍然携带着以前 2.0 升发动机的代码号（166），尽管有更大的缸径。最可能的解释是，通过简单地增加用于气缸套的缸径，法拉利可以使用已经浇铸但还未被制造成完整的缸体。此外，为了降低这种罕见的 V12 发动机的生产成本，195 型发动机的曲轴与 166 型发动机的锻造钢曲轴相同，有 7 个主轴承。同样，变速器外壳和大多数其他机械部件也与 166 型相同。

钢连杆的大端采用典型的斜向关节，这是法拉利 20 世纪 50 年代在短缸体 V12 发动机上一直使用至 250 D 系列的一种排列方式。之后，大端的连杆改为更常见的水平连杆。每对活塞连杆（用于连接对侧气缸列上的活塞）在曲轴上共享一个通用的大端轴颈，这是 V12 发动机的常规做法。它的点火顺序是 1-12-5-8-3-10-6-7-2-11-4-9。

60 度的 195 型 V12 发动机拥有 2341 毫升的排气量，在 6000 转 / 分产生 95 千瓦的动力，最大转矩为 154 牛·米，压缩比为 7.5∶1。润滑是通过一个带有机械油泵的湿式油底壳进行的。活塞为铸铝材质，缸体、正时链条盖、凸轮轴盖和传动壳采用同样材质。发动机的钢制气门（每个气缸 2 个）由随动杆驱动，每个气缸上有一个链条传动的凸轮轴，由曲轴上的齿轮驱动。点火装置由双分电器或双磁电动机提供，后者通常被安装到竞赛款车。195 型发动机的火花塞，同早于代码为 128 D 的 250 系列之前的所有 V12 法

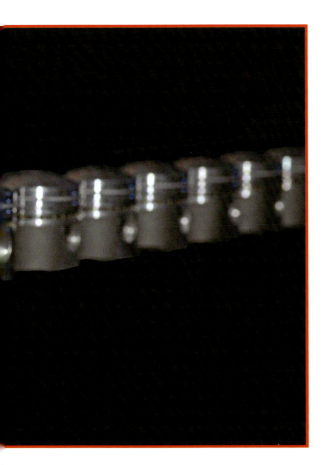

← 所有 12 个活塞陈列在一起，得以看清其双气环和一个油环的细节结构。

↑ 用于 195 型发动机的曲轴与 166 型发动机类似，采用锻造钢材质，带有 7 个主轴承。

拉利一样，即在工程师吉奥托·比齐拉尼（Giotto Bizzarrini）加盟法拉利之前，是安装在 V 型气缸列内部的。在 195 型公路款上，燃料输送通常由一个韦伯（Weber）36 DCF 双腔化油器提供（尽管也可以安装一个三联装组件），配有一个机械泵。而 4 台用于竞赛的 195 型车（前面提到过）的特点是三联装韦伯 36 DCF 化油器，在 7000 转/分时，输出功率增加到 127 千瓦。195 型的离合器是一个安置于飞轮上的干式单离合，五档变速器通过传动轴将动力传递到刚性后桥。

这本书中显示的发动机安装在由乔瓦尼·米

→ 只要稍有想象力，正时齿轮盖的开口（在这里倒过来看）就会让它看起来像是来自另一个星球的机器人脸！

↓ 气门（每个气缸 2 个）通过刚性杆连接到每个气缸列上，由顶置凸轮轴进行操作。在这里，可以看到气门的底部、其上的随动杆（和垫片）、凸轮轴，以及顶部的随动杆枢轴。

歇洛蒂（Giovanni Michelotti）设计的 195 型内测款维格纳（Vignale）跑车上。这台特别的轿跑车具有一些独特的细节——深绿色车身与黑色车顶的双色调漆。内饰的质量一流，将这款法拉

195 Inter　第一代法拉利 V12 发动机（1949）

↑ 倒置铸铝油底壳的特点是沿底部和侧面的整体散热片，从油底壳盘的底部可以清楚地看到储油槽放油塞。

法拉利 195 – 技术数据 ⊖

发动机代码	195
发动机类型	前置纵向，60 度夹角，V12
缸径 × 行程	65 毫米 × 58.8 毫米
总容量	2341.02 毫升
单缸容量	195.08 毫升
压缩比	7.5 : 1
最大功率	96 千瓦 /（6000 转 / 分）
升功率	41 千瓦 / 升
气门配置	每缸双气门，单顶置凸轮轴
燃油供给	单韦伯 36 DCF 化油器
点火	每气缸单火花塞，双分电器，单线圈
润滑系统	湿式油底壳
离合器	干式单片
最大转矩	154 牛·米 /（5000 转 / 分）
点火顺序	1-2-9-10-5-6-11-12-3-4-7-8

⊖ 译者注：由于法拉利发动机几乎是纯手工制造，同型号发动机的技术数据也会有微小的差异。

利牢牢锁定在豪华级别。座椅和门板上都覆盖着康诺利（Connolly）皮革，带有维格纳标志和铬合金细节。门把手上的木质镶嵌、木框铝制三辐的方向盘和仪表板的颜色协调一致，呈现了一种惊人的优雅。在发动机舱内，凸轮轴盖的纵向直线上，铸造有标志性的"Ferrari"字样。

在 20 世纪 50 年代，高性能发动机的运行可靠性常常会受到机组冷却性能的影响，因此法拉利在散热器格栅后面安装了大型散热器（法拉利工厂的车身制造商以生产出能给跑车带来美感的杰作而闻名）。195 Vignale 轿跑车遵循这一规则，并配备了一个颇具艺术性呈微笑状的散热器格栅。这保证了足够的气流冷却发动机，同时保持了一个汽车的运动外形。195 型的格栅使用了所有可用的空间，马尔恰尔（Marchal）雾灯集成在格栅的圆形轮廓下，并补充了铬镶边的马尔恰尔前照灯。尽管有这么大的冷却开口，但与同时代许多其他的高性能发动机一样，195 型发动机能够在高转速下长时间运行，这就产生了大量的热量，因此，需要驾驶人小心地留意冷却液

↑ 这款拱形的 195 型发动机活塞是由铝合金铸造而成的，有两个气环和一个油环。

↗ 飞轮上有 6 个用于定位离合器总成的销，并用 8 个螺栓固定在曲轴上。

→ 单个韦伯 36 DFC 化油器，连接有空气滤清器。有些发动机配置了三联装化油器。

↓ 正时链齿轮，以及合金制造的正时齿轮盖。

195 Inter 第一代法拉利 V12 发动机（1949）

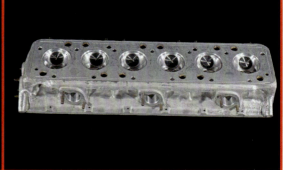

和机油温度表的情况。这些发动机以及配置了它们的汽车,都是为了获得更高的速度,而高速正是避免发动机过热的有效方法。因此,虽然在20世纪50年代的道路交通远没有今天这么繁忙,而且由交通排队造成的交通堵塞也很罕见,但对于法拉利195来说,慢行并不是一个好主意!

在马拉内罗工厂最初的5年里,生产的所有60度夹角短缸体V12发动机都非常相似,因为使用了同样的材料和相同的基本设计和布局。这些第一代V12发动机非常特殊,因为是在第二次世界大战刚刚结束的背景下设计和制造的,所以设计时间和使用的原材料都非常紧缺,但这些都是一个个机械艺术品。这些发动机的某些特征在

◤ 这里展示了双齿轮油泵内部的形状。

↑ 一个气缸盖,可以看见12个气门的安装位置,以及三个进气口——相邻的两个气缸共用一个。

→ 横向平面曲轴有一对连杆(每个气缸组一个)连接六个连杆大端。

↓ 相邻气缸缸径的中心距离只有90毫米,这启发了第一代法拉利V12发动机的短缸体设计。

之后的250车系装备的发动机上消失了,这些发动机通常采用黑色油漆喷涂凸轮盖,并且使用大型空气滤清器外壳用以隐藏化油器。法拉利最初的几款非常稀有的V12发动机,包括195型在内,它们的魅力将是永远无与伦比的。

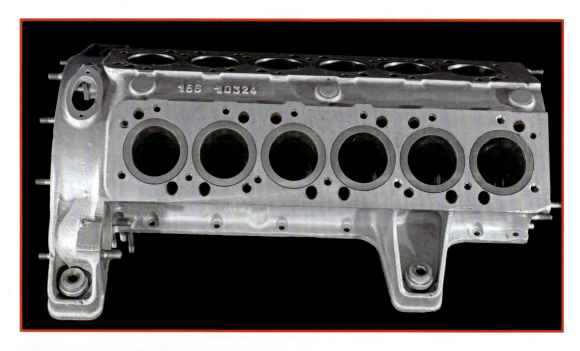

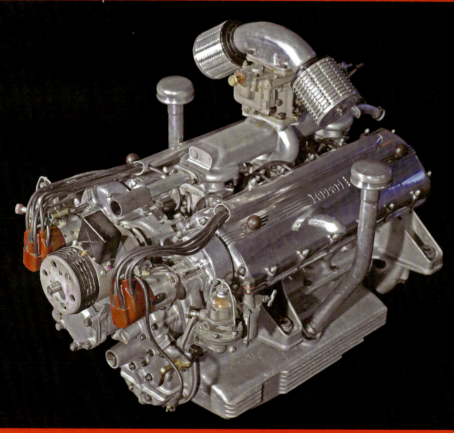

195 Inter 第一代法拉利 V12 发动机（1949）

↑这是一辆右舵 195 车型的正视图，它宽大、弯曲的横条进气格栅为雾灯让出了空间。

↑后视图，优雅的线条配合，两边各一个镀铬的行李舱盖把手。

➡ 雅致的尾灯位于方向指示灯上方，两片透光镜片都由一个镀铬圈环绕。

↘ 马尔恰尔雾灯融入了汽车前部的设计，保险杠和格栅都为其空出凹槽。

↘↘ 凹进的铝制门把手为这辆豪华汽车增添了一抹优雅的格调。

↘↘↘ 博拉尼钢丝轮作为标准配置，也是设计的一个亮点，还有置于行李舱的钢丝轮备胎。

⬇ 搭载了 195 型发动机的 25 台车身由 Ghia、Motto、Touring 和 Vignale 等车身制造商制造。

195 Inter　第一代法拉利 V12 发动机（1949）

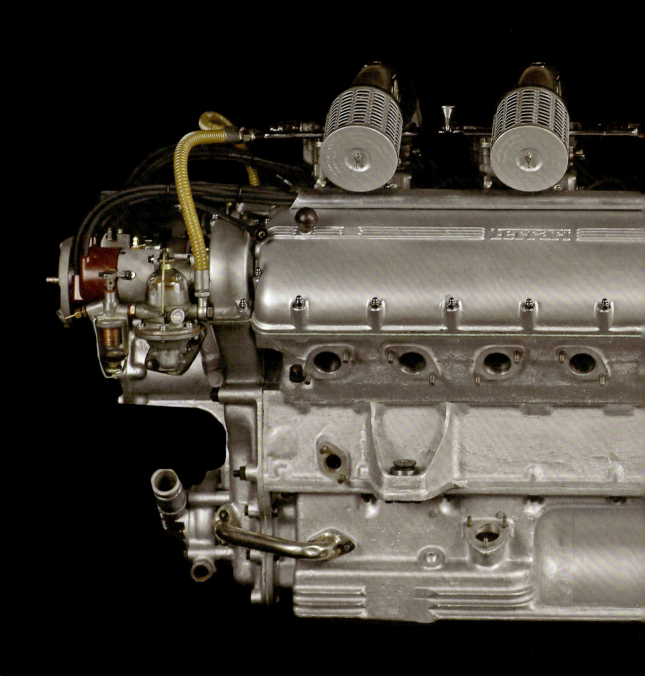

340 America
长缸体 V12 发动机（1950）

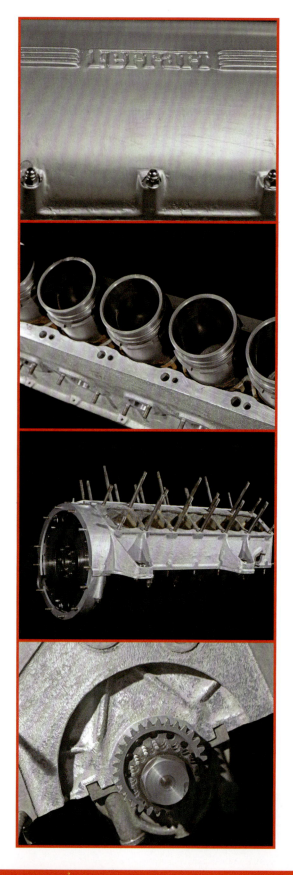

↖ 制造的细节，从铸造的法拉利品牌标志到凸轮轴盖的拱顶螺母。

← 从下方观察，可以看见已旋紧至气缸盖的气缸套。

　　这是马拉内罗制造的第一款大排量发动机，其命名的后缀来源于恩佐·法拉利对字母"A"的向往，所以，这个长缸体的 340 发动机上出现了"A"的后缀（America，即美国市场）。为了模仿美国的"大缸体"发动机，发动机设计师奥雷利奥·兰普蕾蒂（Aurelio Lampredi）为 340 America 轿跑车和敞篷跑车（Spider）设计了一个强大而可靠的动力单元。这一单元还安装在一些赛车上（为满足竞赛要求有细微的变化），如 340 Mexico（只制造了 4 台）和 340 Mille Miglia（10 台）。兰普蕾蒂在意大利的弗拉西尼（Isotta Fraschini）工作了一段时间后，回到了马拉内罗，此时，他已成长为制造大功率发动机的专家。他为法拉利的伟大创新做出了贡献，包括将这些发动机设计为使用螺栓口将气缸套旋紧至气缸盖（并在底部用 O 形圈密封），而不是传统的将气缸套压入缸体并由气缸垫密封的方式。这种结构消除了气缸垫膨胀的可能性。这些发动机被称为长缸体，因为这种旋入式气缸套配置比传统布局需要更多镗孔间距。因此，在 1950 年，法拉利开始生产 340 长缸体发动机的汽车，并安装在 340 America 系列公路跑车中，主要面向崇尚"越大越好"的美国市场。340 America 作为法拉利的第一个大排量发动机系列，在 20 世纪 50 年代被发展成采用同一发动机但排量更大的 375 America 和 410 Super-america 版本。然后，随着传统的气缸盖/衬套布局的回归，大容量的主题继续通过 400 Super-america 系列，最终由生产于 1964—1966 年间

↖ 在兰普蕾蒂的长缸体 V12 上，相邻气缸孔中心之间的距离为 108 毫米，而不是之前克罗布 V12 发动机的 90 毫米。

← 曲轴链轮通常隐藏在正时齿轮盖之下。

的 500 Superfast 车型达到巅峰。

恩佐·法拉利时代，所有项目的起源，自始至终都源自其对汽车比赛的无限热情。然而，这台发动机也有为马拉内罗工厂扩大海外特别是美国市场的任务。为了实现这个想法，恩佐·法拉利把才华横溢的设计工程师奥雷利奥·兰普雷蒂（Aurelio Lampredi）请回了公司。在因与法拉利和巴兹发生分歧而转投伊索塔·弗拉西尼（Isotta Fraschini）之前，他曾在 1946 年末至 1947 年初短暂地为法拉利工作过。法拉利在 1947 年底把他请回，赋予他自由设计的权力，最初是为了改进、开发和提高克罗布设计的 V12 发动机的可靠性，以赢得汽车比赛的胜利。他采取了多种方法，其中之一就是增加发动机的排量，到 1949 年底发动机的排量达到了 2.34 升。然后他开始了自己的 V12 发动机设计，这将演变为 340 长缸体发动机。另一方面，他还设计了四缸发动机，并且由阿尔贝托·阿斯卡里（Alberto Ascari）驾驶在 1952 年和 1953 年世界车手锦标赛中为法拉利赢得冠军。

↑ 发动机号码，在长缸体上刻有一个"A"的后缀，标志着恩佐·法拉利进军美国的决心。

兰普雷蒂的设计灵感也受到了美国市场对大缸体发动机偏爱的影响，由此诞生了第一个法拉利长缸体产品，相邻缸孔中心之间的距离为 108 毫米，而不是之前 V12 发动机的 90 毫米。他的新发动机设计最初以 3.3 升的规格生产，单缸容量为 275 毫升。该发动机首次亮相于 1950 年

↓ 这个角度的缸体图片显示了奥雷利奥·兰普雷蒂所设计的长缸体的长度。

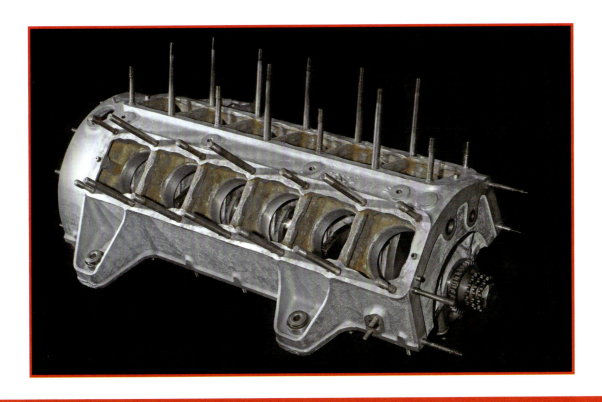

的一千英里耐力赛，安装在两辆275 S上，并由阿尔贝托·阿斯卡里（Alberto Ascari）、塞尼西奥·尼科利尼（Senesio nicolini）和吉吉·维洛雷斯（Gigi Villoresi）、帕斯夸莱·卡萨尼（Pasquale Cassani）驾驶。

然而因为两辆车都因变速器故障而退赛，此次亮相变得毫无亮点可言。在此之后，单缸排量增加到341.8毫升，第一台340型发动机就此诞生。1950年7月，这台发动机被安装到一辆法拉利F1赛车上，由阿尔贝托·阿斯卡里（Alberto Ascari）驾驶参加了在瑞士日内瓦举行的一场不计入积分的F1大奖赛（Gran Premio delle Nazioni）。由于缸体长度的增加，与之前的Colombo V12（被称为短缸体）相比，340型发动机看起来像一个巨人！如前所述，在这个发动机项目中，兰普蕾蒂使用气缸体螺栓口旋进缸盖，从而取消了气缸垫，避免了燃烧室、油水通道之间泄漏的可能性。340型发动机使用Ghisa的气缸套，气缸套的底部与发动机体相连处用密封圈密封。

在经历了第一次激烈竞争的洗礼后，法拉利认为340将是加强其海外市场活力的一个很好的工具。这款车特别适合美国市场，因为大排量汽车是美国市场的主力（燃料成本相对较低）。一

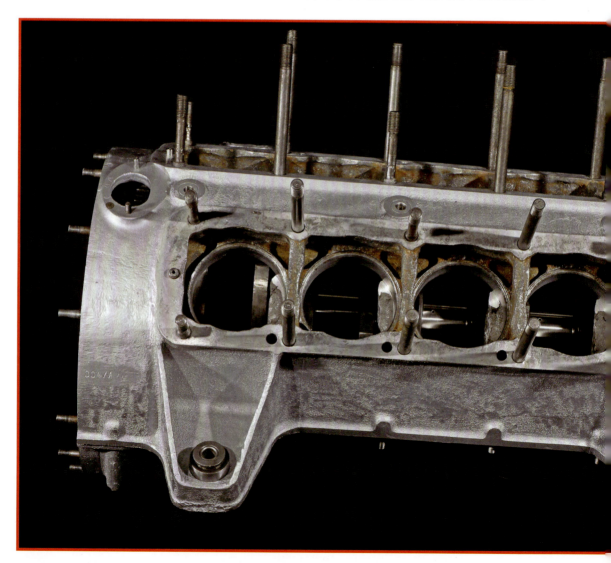

辆 4.1 升的法拉利公路跑车，肯定会吸引富有的跑车客户，为"跃马"品牌开拓市场。

第一辆装备 340 发动机（340/01）的车型于 1950 年 10 月在巴黎车展上亮相，底盘编号 0030MT，是由图瑞车身制造厂（Carrozzeria Touring）设计了新车身的 275 S。随着发动机升级到 340 规格，该车被重新命名为 340 America。新系列发动机在 1951 年 4 月 28 至 29 日举行的一千英里耐力赛进行测试，在这个试验舞台上，底盘号为 0082A 的测试车辆 340 Vignale Berlinetta 在吉吉·维洛雷斯（Gigi Villoresi）和帕斯夸莱·卡萨尼（Pasquale Cassani）的操控下赢得胜利。他们以 12 小时 50 分 18 秒的成绩跑完一千英里的全程。强大的 60 度 340 型 V12 发动机（代码 250），总排气量 4101.66 毫升，缸径为 80 毫米和行程为 68 毫米，它在 6000 转 / 分产生 164 千瓦的功率，4800 转 / 分转矩为 260 牛·米，使这辆车的速度很容易达到 240 千米 / 时，这在 20 世纪 50 年代是一个骇人听闻的速度。

最初使用这台发动机的 340 车型系列包括两种不同的车身，其一是图瑞（Touring）车身的 Barchetta 竞赛款，而另一种，从特点和外观上看都是纯粹的公路跑车。然而，法拉利的一个常见"问题"是，所有车型的底盘号都采用"偶数"的竞赛车序列。

这台令人印象深刻的缸体在每个气缸套外都围绕有方形壳体，提供水路以促进充分的冷却效果。缸体与气缸盖同样采用轻合金铸造，火花塞置于 V 形板内。大型活塞是由 Borgo 公司制造的轻合金材质，带有钢制连杆。单根钢制顶置凸轮轴安装在缸体的每一侧，由从曲轴前面的三联链条驱动，连同张紧器全部包含在轻合金壳体中。油气混合气体通过安装在 V 形管道中心的三个双腔韦伯 DCF3 下吸式化油器提供，燃油则是通过两台机械燃油泵输送。

每侧气缸列都配置有一个独立单线圈分电器，电能则由曲轴上传动带驱动的发电机向一个 12 伏的蓄电池提供。点火顺序是 1-12-5-8-3-10-6-7-2-11-4-9。兰普蕾蒂设计的 340 发动机具体特点包括用于油水分配的外部金属管（而不是内部通道）和取代了之前的指型随动杆的凸轮随动装置。润滑系统采用湿式油底壳，由曲轴驱动的机械油泵将机油从油底壳中抽出，通过前面提到的外部金属管将油分配到发动机的各个部

← 长缸体发动机的特点是每个气缸套周围的水套是方形的，以确保足够的冷却。

分。与所有 1957 年后生产的法拉利 12 缸发动机一样（与短缸体的 250 系列的 128 D 以及 DF 发动机一样），连杆大端采用水平分叉，而不是典型的斜分叉，并使用了白合金大端轴承。

这台前纵置 340 发动机的变速器是一款五档手动变速器，采用非同步啮合装置，配有轻合金外壳，位于离合器壳的后部。它采用干式单片离合器。为了将生产成本降至最低，变速器与 166、195 和 212 型号的变速器相同。然而，340 发动机使用的版本具有不同的齿轮传动比和一个更大直径的主轴（80 毫米）。外壳的顶部支撑着变速杆，使用了与 212 型相同的铸件。动力通过两端万向节连接的传动轴传递到刚性后轴。

1952 年，法拉利又生产了 4 辆 340 车型，被命名为 Mexico，仍旧使用 340 的编号。为这款车生产的发动机功率宣称达到了 209 千瓦，功率的增加是由于配备了韦伯 40 DCF3 双腔化油器，以及不同的凸轮轴形状和更高的压缩比。Mexico 赛车还采用了多片干式离合器，同时对

◤ 340 America 配备了三联装韦伯 36 DCF 化油器作为标准配置，这在 195 系列上是要选配的。

↑ 每侧气缸列都安装有独立的机械式燃油泵和分电器，安装在每列气缸盖的前部，由凸轮轴的末端驱动。

→ 大而重的铸铁飞轮，其上面安装干式单片离合器。

↓ 倒置的气缸盖侧视图，展示 Ghisa 式气缸衬套，其底部有用于放置密封圈的凹槽。

340 America 长缸体 V12 发动机（1950）

↑ 大容量铸铝油底壳的散热底板和用以容纳起动电机的开孔。

变速器的齿比进行了调整以适应比赛中的持续高速赛程。这 4 辆车是在恩佐·法拉利的指导下制造的，目的是打造一款强大的高功率机器，能够重现 1951 年卡雷拉泛美公路拉力赛（Carrera Panamericana）的辉煌成绩。当时，法拉利的两辆 212 型赛车分别获得了第一和第二名。Mexico 车型的名字来自比赛的举办国家。这 4 辆 Mexico 赛车的车身由维格纳（Vignale）制造，一辆是敞篷跑车，另外三辆是双门跑车。在 1952 年的比赛中，路易吉·希奈蒂和让·卢卡斯（Jean Lucas）驾驶着三辆 Mexico 双门跑车中的一辆，紧随两辆参加比赛的梅赛德斯-奔驰 300 SLS 之后，以总成绩排名第三完赛。

在 1953 年，法拉利生产了使用 340 发动机的最后的 10 辆车，一个后缀命名为 MM 的车型。其中 4 辆是由维格纳（Vignale）制造车身的敞篷车（Spider），2 辆是图瑞车身制造厂（Carrozzeria Touring）制造的定制车，4 辆使用宾尼法利纳（Pininfarina）制造的双门跑车（Berlinetta）车身。其中一辆 340 MM 的 Vignale Spider 赢得了 1953 年的一千英里耐力赛（创造了新的平均速度纪录 142 千米/时），在詹尼诺·马尔佐托（Giannino Marzotto）和马可·克洛萨拉（Marco Crosara）的驾驶下，以 10 小时 37 分 19 秒的时间跑完了 1512 千米。340 MM 作为 340 系列的最后一次改进，是在 340 America 停产后制造的。340 MM 是为比

法拉利 340 America – 技术数据

发动机代码	250
发动机类型	前置纵向，60 度夹角，V12
缸径 × 行程	80 毫米 ×68 毫米
总容量	4101.66 毫升
单缸容量	341.80 毫升
压缩比	8 : 1
最大功率	162 千瓦/（6000 转/分）
升功率	38 千瓦/升
气门配置	每缸双气门，单顶置凸轮轴
燃油供给	三联装双腔韦伯 36 DCF 化油器
点火	每气缸单火花塞，双分电器，单线圈
润滑系统	湿式油底壳
离合器	干式单片
最大转矩	260 牛·米/（4800 转/分）
点火顺序	1-12-5-8-3-10-6-7-2-11-4-9

↑↑ 铝制共顶活塞（带有两个气环和一个油环）由 Borgo 公司制造。

↑ 连杆的大端呈水平分叉状，而不是当时典型的倾斜分叉。

↑↑ 凸轮的连接部件安装在气门杆顶部的铸耳上。

↑ 对于 340 America 的发动机，滚轮式凸轮从动系统取代了以前的指形从动系统。

赛而制造的，正如它在比赛中的成绩所证明的那样，另外一辆 340 MM 由吉吉·维络雷斯（Gigi Villoresi）驾驶获得了 Giro di Sicilia 的胜利。

为了满足那些更加喜欢公路跑车比较"柔和"的动力输出，而不是赛车发动机那样调校的客户，法拉利制造了一个新车型，产量仅有 6 辆，命名为 342 America，包括有 3 辆轿跑车和 3 辆敞篷车。尽管从外形上看，它们和之前的汽车一样明显是公路跑车，但它们的底盘号码仍沿用竞赛车的偶数系列。型号名称的数字变化本应意味着气缸容量的增加，但它的发动机规格和 340 系列完全相同，这种情况在法拉利的历史中非常常见。342 型发动机（编号为 100）与 340 America 发动机完全相同，以 6000 转/分的转速产生 172 千瓦的动力，其中最大的机械变化是变速器，在四个档位上都配有同步器。这一系列的最后 6 辆车的底盘编号是 0248 AL（America Lungo），实际上安装了一台 4.5 升发动机，但仍然保留了 342 的型号，并在 1953 年纽约车展上展出。值得注意的是，从这个不断改进的动力总成中，诞生了 375 America 车型的发动机，这款发动机于 1953 年末投入生产，在 340 型刚刚结束生产之后作为一种替代车型的新型号。

340 车型是法拉利专门针对美国市场推出的第一款超级跑车，尽管它在恩佐·法拉利在美国建立正式特许经销商之前就停产了。有趣的是，法拉利的第一批官方海外特许经销商中有一家澳大利亚公司，它的出现既奇怪又有趣。比尔·洛维（Bill Lowe）是一位汽车发烧友，他曾目睹过法拉利这个意大利品牌在国内和国际比赛中的辉煌战绩，要求购买一辆 212 Export 来参加澳大利亚本土的比赛。由于缺少澳大利亚经销商，法拉利无法满足洛维的购买要求。很快比尔·洛维提出了成为澳大利亚特许经销商的主意，因此在

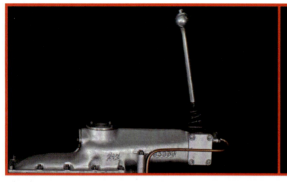
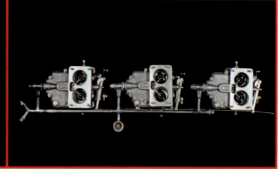

法拉利的支持下，墨尔本的 W.H. Lowe 公司在 1952 年成为了澳大利亚的特许法拉利经销商。至于美国市场，尽管他从 1949 年开始以私下方式出售法拉利，但直到 1953 年，路易吉·希奈蒂才创办了路易吉·希奈蒂汽车公司（Luigi Chinetti Motors），成为美国的官方特许经销商。

他是推动法拉利品牌进入国际市场的倡导者之一，最初是通过 1949 年勒芒 24 小时比赛的胜利，后来是通过他在美国销售法拉利汽车做出的努力。尽管后来在美国西部拓展了更多的经销商，但希奈蒂的名字一直是法拉利的同义词。希奈蒂汽车公司于 1977 年停止交易，今天则由一家法拉利全资所有的子公司——法拉利北美公司（Ferrari North America）进口，统治了美国市场。但是恩佐·法拉利的美国梦，是通过兰普蕾蒂（Lampredi）设计的 340 系列发动机和路易吉·希奈蒂实现的。

◤ 变速杆从合金制的变速器壳顶部伸出，该壳体纵向安装于发动机的后方。

↑ 三联装韦伯（Weber）化油器的俯视图，展示了扼流管和喷嘴。

→ 合金制正时盖展示出这台奥雷利奥·兰普蕾蒂（Aurelio Lampredi）所设计的 4.1 升发动机的 60 度 V 形结构。

↓ 锻造钢曲轴位于兰普蕾蒂设计的长缸体中，具有 7 个主轴承。

340 America 长缸体 V12 发动机（1950）

跃马之心：揭秘法拉利发动机技术

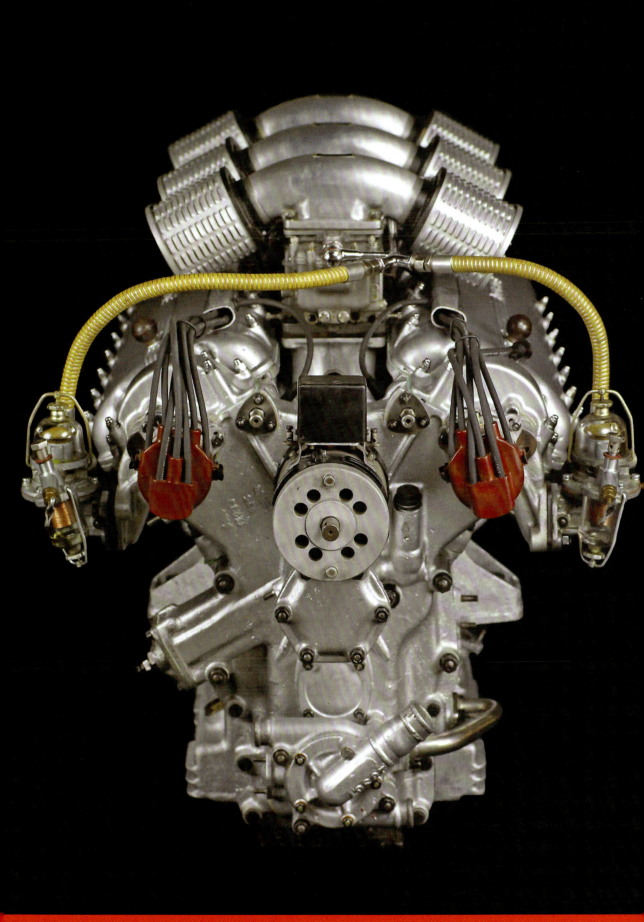

340 America 长缸体 V12 发动机（1950）

↑ 340 America Ghia 的正面有一个醒目的巨大格栅散热口,以及下面宽大的镀铬保险杠。

↑ 圆润线条的完美和谐赋予了这款奢华的双门跑车一种精致的优雅。

➜ 在这款 340 America 的蓝色车身上，朴素的法拉利品牌标志与周围镀铬的 Ghia 标志相得益彰。

↘ 镀铬装饰勾勒的尾灯细节，这是构成法拉利优雅造型的重要元素。

↘↘ 与车身齐平的门把手是早期法拉利公路跑车一个非常典型的特征。

↘↘↘ 镀铬装饰的前照灯，以及下面的小转向灯，与经典镀铬格栅完美搭配。

↓ 法拉利为美国市场特意打造的优雅以及精湛的细节贯穿全车。

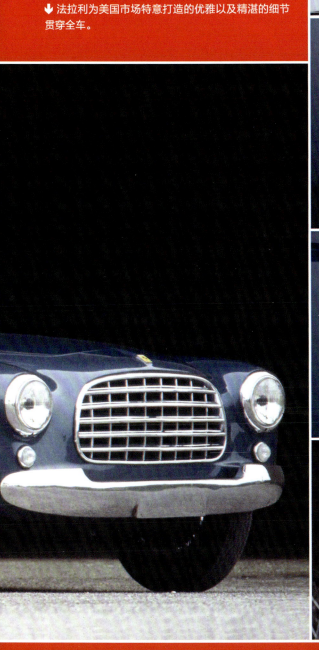

250 California
经典标志性 V12（1957）

250 California 经典标志性 V12（1957）

← 活塞的顶部有两个凹槽以容纳气门。
← 安装了铸铁气缸套、呈60度夹角的V12发动机缸体。

毫无疑问，250 GT Spider California 是有史以来最漂亮的敞篷车之一。它由斯卡列蒂（Scaglietti）设计，不是宾尼法利纳（Pininfarina）设计，有时二者会被混淆。它以美国市场为目标，因此有了这个车型的名字，并成为了经典和美丽的代名词。克罗布（Colombo）设计的250 V12短缸体发动机安装在加利福尼亚车型的发动机舱盖下，与250TdF Berlinetta 所使用的发动机技术规格相同。为美国市场打造一辆特殊法拉利的想法来自于法拉利的好莱坞经销商约翰·冯·诺依曼（John Von Neumann），他与北美赛车队（NART）负责人路易吉·希奈蒂（Luigi Chinetti）取得了联系，建议用传说中的250 TdF Berlinetta 的底盘制造一辆敞篷车。恩佐·法拉利正考虑如何征服美国市场，在希奈蒂的劝说下，恩佐欣然同意，从而开启了这款汽车的神话。从1957年底第一辆California原型车出现，直到1963年2月才制造了107辆成品。装备给这些汽车的发动机类型有128C、128D、128DF、128F、168 和 168/61。

最初由克罗布设计的128 C发动机，被奥雷利奥·兰普蕾蒂重新使用，容量为2953毫升，每侧气缸列有一个顶置凸轮轴，火花塞位于气缸内。前部纵向放置的3.0升V12发动机由4个机脚安装在车架上。128 C发动机是安装在最初生产的8辆250 GT California（直到底盘编号0939GT）上，该发动机也用于当时的250系列公路汽车，如250 GT TdF Berlinetta、250 GT Pininfarina Coupe /Cabriolet、250 Boano/Ellena Coupes。

← 凸轮轴（发动机每列单凸轮轴）由曲轴前面的三联链轮驱动。
← 每个空心的铸铁凸轮轴在单个气缸列上操作进气门和排气门。

↑ 曲轴箱盖由 7 个零件组成，主轴承由销钉和螺钉固定，并用螺母固定于气缸体上。

在所有安装了这种发动机的车型中，最受欢迎的经典车型是敞篷 California，无论是长轴距（LWB）还是短轴距（SWB）车型。所有 107 辆（包括长轴距和短轴距）的底盘都与当时的 TdF Berlinetta 在同一条装配线上生产，具有相同的制动、悬架和其他传动装置。除了一辆短轴距车型为右舵车型，California 只生产左舵车型。这些安装了 3.0 升 60 度夹角 V12 发动机的所有敞篷车型均可选择不同的规格配置。在 6 年多的生产过程中，只有 9 辆汽车采用全合金车身，所有其他的车辆都以钢制车身为特色，配合轻型合金材质的车门、发动机舱盖和行李舱盖，同样也可选配可拆卸的硬顶。这款车的魅力在当今的收藏市场上仍有体现，根据车型和生产年份不同，这款车的价格最高可达 2000 万美元。在较晚的长轴距车型上，发动机（128DF 和 128F 型）的特点是火花塞位于气缸列之外，而不是像以前版本的置于发动机内部。这些车辆的发动机还配置

↓ 倒置的 128 C 缸体展示了主轴承位置以及定位轴承盖的销钉和螺钉。

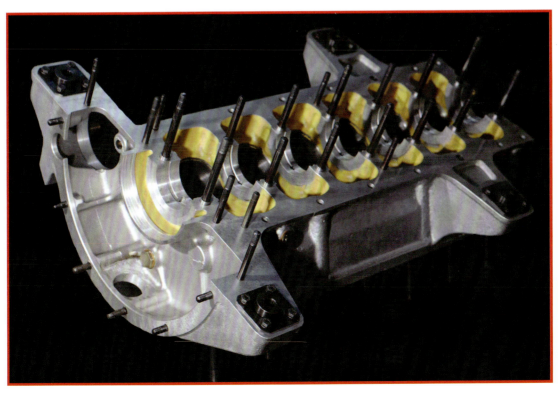

250 California 经典标志性 V12（1957）

了颇具特色的双线圈、双分电器，以及更大的化油器。

资料显示部分车辆在出厂时就进行了额外的升级，包括不同的凸轮轴、气门大小和化油器设置，以提高功率输出用于高速道路或竞赛。

缸体是由轻合金制造的，同样的还有缸盖、活塞、正时盖、油底壳和离合器壳。气门的操作通过每气缸列上的单顶置凸轮轴完成，通过三联链轮和曲轴前部的张紧器驱动，并由滚轮式凸轮轴随动件传动至摇臂。渗氮钢曲轴有七个主轴承，通过白色合金轴瓦到达连杆大端轴承。连杆是钢制，活塞销上有一个白色的合金衬套。铸铁气缸套具有如所有克罗布（Colombo）式短缸体的90毫米镗孔间距的典型特点。润滑通过一个湿式油底壳进行。离合器是萨克斯公司（Sachs）生产的一种干式单片离合器，动力由此传递到四档变速器，然后通过传动轴转到刚性后桥。本书描述的这款128C型发动机的点火系统包括一个线圈和一个分电器，尽管后来的发动机如前所述配有双线圈和双分电器。燃料通过一个电动泵和相邻的滤清器供应给发动机舱内的一个集成有再次过滤器的机械泵，然后来到三联装双腔韦伯（Weber）36 DCL化油器。该发动机能够在7000转/分时产生177千瓦的动力，在5000转/分

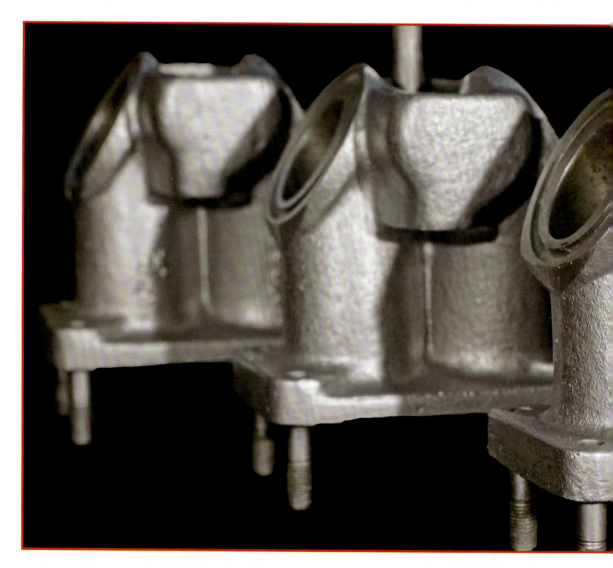

时转矩为 245 牛·米，压缩比为 8.5:1。点火顺序为 1-7-5-11-3-9-6-12-2-8-4-10。

尽管原型车在 1957 年底生产，但长轴距的 250 California（拥有 2600 毫米轴距）生产于 1958—1960 年，总产量为 51 辆。所有 51 辆长轴距产品都由 128 型发动机提供动力，不同的后缀表示发动机系列的渐进演变。发动机工厂编号为 128 C 的是第一代发动机，安装到 8 辆长轴距车型上，随后 128 D 型，安装到 36 辆 California Spider 上。最后生产的 7 辆长轴距车型装配了编码为 128 F 或 168 的发动机。在这些发动机代码变动期间，进行了各种细节上的改动。最早的 128 型发动机使用的是升程 9 毫米的气门和 36 DCL3 型韦伯化油器，而发展到 168 型发动机，气门升程变为 10 毫米，化油器为 40 DCL6 型，使功率升至超过 201 千瓦。所有长轴距车型都是在工厂编号为 508 C 和 508 D（如同时期生产的 TdF Berlinetta）的底盘上构建的。这一系列最后生产的汽车配备了四轮盘式制动，取代了前期产品的鼓式制动。

在该车型的生产期间，造型基本上保持不变，这个系列的早期车型在本质上就是一个去掉硬质车顶的 250 GT TdF Berlinetta。它们的特点是相同的小型垂直尾灯单元和前翼子板上相同风格的铝制通风孔，尽管门把手造型略有不同：California 的那些是平面造型，而 TdF Berlinetta 的则为"开放式"。随后该车型安装了一个重新设计的尾部造型，包括行李舱盖下的脚踏板，一个重新修饰的尾翼线条以及更大的组合尾灯，与安装在 250 GT PF Copue 相同的"开放"式门把手，还有前翼子板的通风孔——因菱形网外的三片垂直扁刃造型而更具特色。短轴距系列车型的车身与长轴距版本非常相似，最大的不同之处在于一具新的 2400 毫米轴距的底盘，最初的出厂编号为 539，之后改为与同时期生产的短轴距 Berlinetta 相同的 539/61。新的底盘使汽车的整体高度降低 30 毫米，这一改变几乎难以辨认，尽管为汽车创造了一个比早期的版本更贴地的外观，但仍然很难从这一点上区分它们。将较晚期生产的长轴距车型与短轴距车型区分出来的最简单方法是发动机舱盖进气口的设计，长轴距版本的进气口在发动机舱盖中线的顶端，而在短轴距版本中则是从发动机舱盖线的凹陷处逐渐升起。前翼子板排风出口设计也有所不同，短轴距版只有两个垂直叶片。与早期的长轴距变体

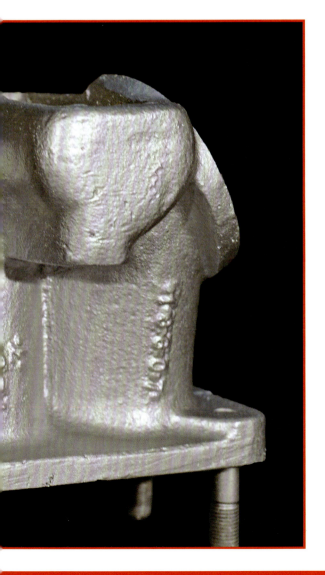

← 本章中描述的长轴距版 California，进气管组的每一个歧管上都标有发动机代码 128。

↑ 这 12 个轻合金活塞由意大利 Borgo 公司制造。注意连杆大端的倾斜角。

→ 合金铸造的正时盖（倒置）上铸有发动机型号 128 C。当发动机装配好后，发电机和冷却风扇安装在盖子的前部。

↓ 湿式油底壳润滑系统，采用了宽大的合金铸造的油底壳。

一样，所有短轴距车型都有开放式或树脂盖的前照灯可供选择，这一点与 1959 年意大利市场的车型不同，由于意大利在当年通过了新的照明立法而不得不使用开放式前灯。

新的短轴距 California 于 1960 年在日内瓦车展上亮相，它的原型车安装了一台 128 F 发动机，有 9 毫米升程的凸轮轴和 40 DCL6 型韦伯化油器。这是最后的 6 台 128 F 发动机之一，另外 5 台被用于长轴距车型。从第二辆底盘编号 1883GT 的短轴距版车型的生产开始，配备 168 型发动机（与一些长轴距版本发动机型号相同，但规格不同）。对于 168 型发动机，功率增加了大约 15 千瓦，这款发动机配备改进版的气缸盖，采用更大的进气门。该发动机的竞赛版本可产生 209 千瓦的功率，采用了 250 Testa rossa 车型发动机的特点，配有更轻型

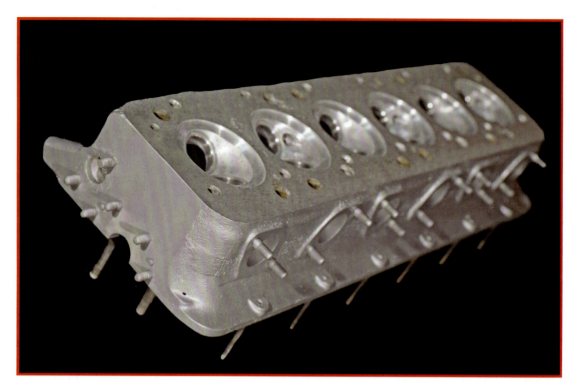

↑ 一张气缸盖的侧视图,展示燃烧室、气门座位置和六个排气口(在照片显示的右手边)。

法拉利 250 California- 技术数据

发动机代码	128C
发动机类型	前置纵向,60 度夹角,V12
缸径 × 行程	73 毫米 ×58.8 毫米
总容量	2953.21 毫升
单缸容量	246.1 毫升
压缩比	8.5 : 1
最大功率	176 千瓦/(7000 转/分)
升功率	60 千瓦/升
气门配置	每缸双气门,单顶置凸轮轴
燃油供给	三联装双腔韦伯 36 DCL 化油器
点火	每气缸单火花塞,单分电器,单线圈
润滑系统	湿式油底壳
离合器	干式单片
最大转矩	240 牛·米/(4800 转/分)
点火顺序	1-7-5-11-3-9-6-12-2-8-4-10

的凸轮轴、活塞和连杆。最后的短轴距 250 GT California 在 1963 年 2 月离开马拉内罗工厂。所有 107 辆 California 都配有奇数的底盘编号,这在法拉利的传统中是公路跑车的标志。

尽管这款车本质上是一辆高速豪华跑车,在尼斯的盎格鲁大道(Boulevard des Anglais)或好莱坞,它都是取悦富人和美女的绝佳工具。但它也见证了一些车主将其用于竞争,并取得了卓越的战果。其中之一是底盘号为 2015 GT,采用 168 B 型特殊发动机,配有高压缩气缸盖和更大的气门,功率增加到 213 千瓦。这辆车在 1961 年的锡布灵 12 小时比赛中名列第二,由纽曼(Newmann)、帕布利克(Publicker)、安德烈(Andrey)驾驶。这一车型的其他主要竞赛成绩包括 1959 年的锡布灵 12 小时比赛中金瑟(Ginther)和海夫利(Hively)驾驶底盘编号为 1459 GT 的赛车获得了一场分组赛的胜利,紧随其后的是同一年的勒芒 24 小时比赛,当时格罗斯曼(Grossman)和塔瓦诺(Tavano)

↑ 看这里！摆放在一起的多个组件组成了一个"人脸"。

↗ 一个拱顶轻型合金活塞的特写镜头，展示活塞环和活塞销衬套。

→ 缸盖内部涂有一种特殊的黄色密封漆，用来密封轻合金铸件。

↓ 铸合金正时盖的内部也是如此。两个上正时盖通过其盖子顶部的螺柱安装在一起。

250 California 经典标志性 V12（1957）

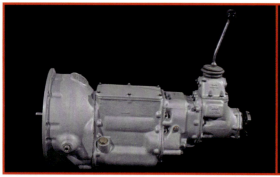

驾驶底盘编号 1451GT 的赛车获得总成绩第五。在接下来的一年里,在锡布灵 12 个小时赛上由里德(Reed)和康奈尔(Connell)驾驶底盘号 1603 GT 的汽车参赛,获得小组第三和总成绩第五名。1959 年和 1960 年期间,鲍勃·格罗斯曼(Bob Grossman)驾驶底盘号为 1451 GT 的赛车,在美国的国内比赛中也取得了多次佳绩。

然而,正如前面提到的,赛道并不是 California 的舞台,它更像是一辆迎风行驶的高速豪华跑车,无论是长轴距还是短轴距的优雅造型——赢得了众多舞台和银幕明星的青睐。其中包括美国演员詹姆斯·科伯恩(James Coburn)、法国万人迷演员阿兰·德龙(Alain Delon)、剧作家兼小说家弗朗索瓦·萨根(Francoise Sagan)、演员鲍勃·霍普(Bob

↖ 四档带同步器的变速器。在一些竞赛用车辆上,变速器外壳为获得冷却效果而制成翅片状。

↑ 干式单片 Fichtel & Sachs 离合器总成装配完备,配有一个新的摩擦片。

Hope)、电影导演罗杰·瓦迪姆(Roger Vadim)和法国歌星约翰尼·哈利迪(Johnny Hallyday)。半个多世纪后,这款汽车继续吸引着众多现代收藏家的目光。

➡ 连杆具有克罗布(Colombo)式发动机典型的倾斜分角,大端轴承盖位于销钉上,用两个螺栓固定。

⬇ 渗氮钢曲轴作用于七个主轴承,每个大端轴颈上连接有两个连杆。

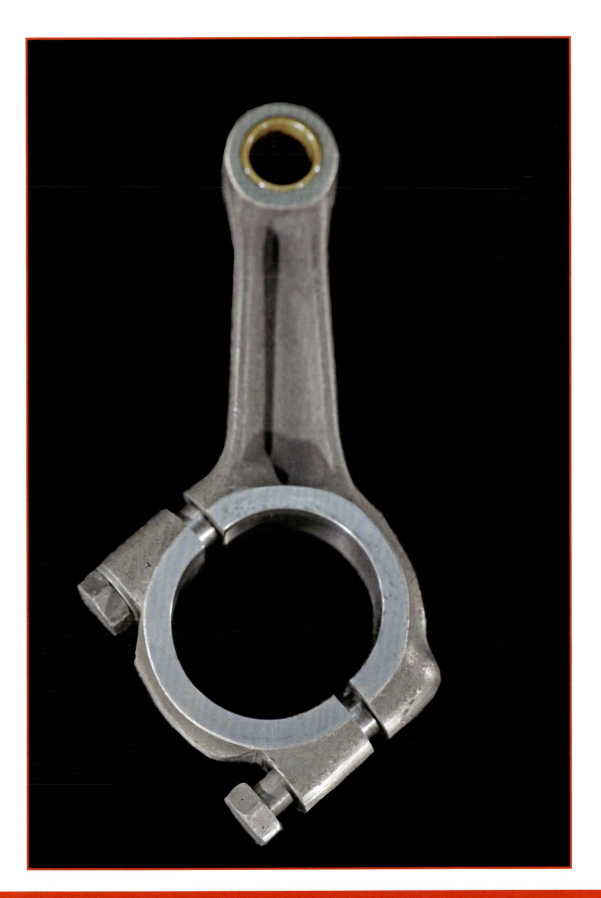

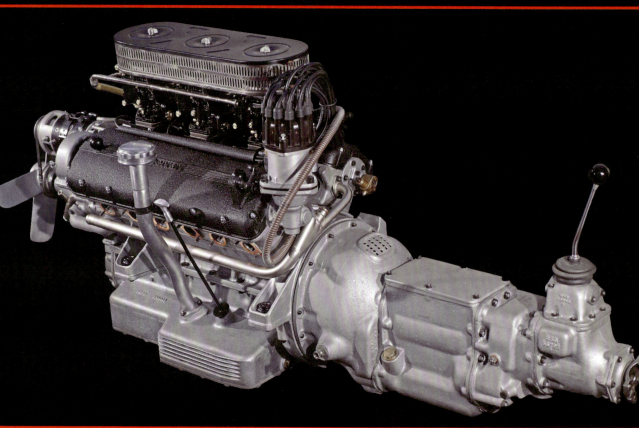

250 California 经典标志性 V12（1957）

↑ 在大多数法拉利收藏者的心愿单上，250 California 是最受欢迎的经典车型之一。

↑ "细节不只是细节，而是设计"，比如垂直组合尾灯周围的镀铬装饰。

➜ 长轴距版 California 美丽的锥形尾翼的特写镜头，采用了和 TdF 一样的垂直尾灯。

↘ 典型的马尔恰尔雾灯和安装有有机玻璃灯罩的前照灯盖，加强空气动力学性能的同时强调了造型。

↘↘ 前翼子板的铝制通风孔是这个型号与 TdF Berlinetta 车型共同的特点。

↘↘↘ 一个美丽的纳尔迪（Nardi）木框方向盘，组合仪表板和康诺利（Connolly）皮革装饰的驾驶室内部。

↓ 250 GT California，毫无疑问，是有史以来最漂亮的敞篷车之一，由斯卡列蒂（Scaglietti）为瞄准美国市场量身定制。

250 LM
第一台后置发动机的法拉利"公路跑车"(1963)

← 凸轮轴外壳的黑色裂纹表面上醒目地铸造有 Ferrari 的品牌标志。

← 曲轴平衡腹板上的钒制嵌入件的特写照片。

在 1963 年的巴黎车展上，马拉内罗工厂向世界展示了它首款安装纵向后置发动机的"公路跑车"，这句话本应写在经典的法拉利年鉴中："这款车是为那些想要快速行驶并懂得如何驾驶的客户设计的。"这款名为 Berlinetta Stradale 的跑车所带来的革命是将 V12 发动机放到了在当时而言的非传统位置，这是法拉利"公路跑车"的发动机首次出现在驾驶者背后。LM 项目开始时，恩佐·法拉利的意图是制造一辆"公路跑车"——给那些想参加比赛的客户一辆基于 250 P 原型车演化而来的大型公路跑车。

恩佐·法拉利希望这个车型能被承认为 250 GTO 的进化车型，只要对 1964 款的 250 GTO 的车身风格与 250 LM 进行比较，其实还是可以看到明显的相似性，尽管 GTO 是前置发动机而 LM 采用中（后）置发动机的配置。但国际汽联认为这已经远远超出了可接受的研发范围，并且拒绝将它承认为 GT 组别赛车，因此它必须以原型车组别参赛。这让恩佐·法拉利愤怒和沮丧，他威胁要退出赛车比赛，甚至已经做出把参赛许可证还给国际汽联的举动，但他最终还是没有这么做。

出于这个原因，法拉利 F1 赛车在 1964 赛季的最后两场比赛中身披白底蓝条涂装，使用路易吉·希奈蒂（Luigi Chinetti）的北美赛车队（NART）的名义参赛。为了尝试平息恩佐·法拉利的怒火，ACI（意大利的国家汽车组织）在 1964 年将 250 LM 认证为一款国内级别的 GT 车型，这样至少客户可以让他们的"公路跑车"

↖ 一个半球形燃烧室的特写镜头，可以看到气门座和进气门导向器。

← 缸体铸件与安装到位的气缸套。突出的螺柱用来固定住气缸盖。

参赛。在 1965 年，国际汽联将这一车型认证为附录 J 中的第 4 组别跑车，这意味着它被认定是原型 GT 赛车。自从这款车问世以来，它就被称为 250 LM，尽管它只有最初一辆安装了 3.0 升发动机（在 1963 年的巴黎车展上展示的那辆），所有之后的车辆都安装了 3.3 升的新发动机。因此从理论上讲，因为车型的命名是根据一个气缸的容积，所以这款车实际应该被命名为 275 LM，但恩佐·法拉利似乎是为了和国际汽联赌气，坚持称这款车为 250 LM。

跃马工厂的科技和创新带来技术的进步，一系列安装纵向中后置 60 度夹角 V12 发动机的法拉利汽车由此诞生。这款全新的、革命性的法拉利也是第一款通过风洞实验而修改外形的法拉利汽车。法拉利使用了英国汽车工业研究协会（Motor Industry Research Association）的设施，在那里，空气动力学性能在黏土比例模型上进行了检验和改进，以改进空气阻力系数。250 LM 是法拉利最优秀的工程师们通力合作的

↑ 双合金分电器（由凸轮轴的末端驱动），未安装盖子和 HT 引线。

一个"团队项目"，包括福格里（Forghieri）、罗奇（Rocchi）、迈欧利（Maioli）、萨瓦拉尼（Salvarani）、马菲（Maffei）和马尔凯蒂（Marchetti），由负责 250 LM 项目的总工程师安杰洛·贝尔雷（Angelo Bellei）统领。所有这些奇思妙想造就了有史以来最强大和最令人愉快的双门跑车。如前所述，它是在 1963 年巴黎车展上展出的，展出汽车的底盘编号为 5149 ——

↓ 可以从缸体下方看到 12 个气缸孔和曲轴箱的外壳。

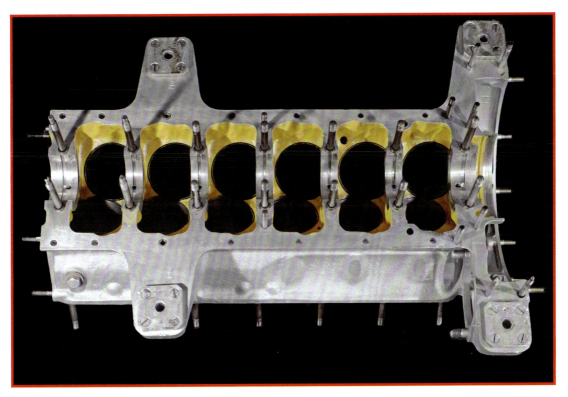

这是一辆样车，配有宾尼法利纳（Pininfarina）车身和3.0升发动机，单缸排量是250毫升。1964年，原型车的发动机排量增加到3.3升（与此后31辆车相同的排量）。这辆车也有一些车身细节不同于后来生产的汽车，尤其是后翼子板处进气口的位置。

随后在更多的车展上展出后，原型车安装了3.3升发动机，并卖给了路易吉·希奈蒂（Luigi Chinetti）的北美车队（NART）。这辆车在1964年3月的Sebring 12小时比赛中被严重烧毁，然后以最终款250 LM的车身样式被重新组装。因此，只有最初诞生时的250LM车型采用3.0升发动机，但这样的发动机配置只存在了很短的时间。

250 LM的中后置发动机布局是来源于原型车250 P（除去顶篷的差异，视觉上与250 P非常相似）。这款汽车被命名为LM（勒芒），是为了纪念1963年6月，就在250 LM问世前不久250 P在勒芒耐力赛原型车组别的的成功，当时由洛伦佐·班迪尼（Lorenzo Bandini）和卢多维科·卡菲奥蒂（Ludovico Scarfiotti）驾驶赢得了这项著名法国赛事的冠军。在由宾尼法利纳（Pininfarina）为编号5149的底盘制造车身之后（这点与我们很快就会讲到的底盘号为6025

↓ 邓禄普（Dunlop）内侧盘式后轮制动器安装在后置纵向变速器上。

的公路跑车相同），其余 250 LM 的车身都是由摩德纳的著名车身制造商塞尔吉奥·斯卡列蒂（Sergio Scaglietti）打造。斯卡列蒂（Scaglietti）公司的钣金工匠巧妙地将精心制作的铝片安装到宾尼法利纳（Pininfarina）所设计的这辆广受赞誉的 250 LM 车身上。亮点包括整体式后车身部分，与车顶的铰接，后翼子板前部用以冷却内部后制动的椭圆形进气口，以及平坦的后底板与短帆型拱板之间平缓上升的透视后盖，后底板连接扰流板直至 Kamm 尾翼。据说法拉利保留"250"车型名称的数字部分，而不是改为更符合逻辑的"275"，因为向 FIA 提交的这些认定申请中已包含了这些细节，改变车型名会让局势更加复杂。然而据报道，恩佐·法拉利的私人助理弗朗科·戈兹（Franco Gozzi）曾解释这实际上是因为法拉利在印刷好的销售材料和目录中已经使用了 250 的名称。这可能只是个借口，虽然宣传手册（有三个版本）将"250 LM"作为车型名称印在封面上的同时也说明了这是一台 3.3 升的发动机。当这一车型终于在 1965 年被国际汽联认可，书面材料同样说明使用的发动机大小是 3.3 升，1964 年前的 ACI 书面材料也是如此。

像前面提到的，在这辆 Berlinetta 生产的同一时期，宾尼法利纳（Pininfarina）还制造了一辆底盘编号为 6025 的特别版公路跑车，并在 1965 年日内瓦车展上展出。这辆车配备了电动车窗、皮革软垫内饰，一个大型树脂玻璃窗从车顶呈平缓弧线几乎直至车辆尾部，每个车门的顶部由铰链与车顶连接以使驾驶者更方便地进出车舱，前后各有一对垂直的包胶防撞杆。这辆车随后在 1965 年的纽约车展上展出，并由路易吉·希奈蒂（Luigi Chinetti）在美国售出。另外一辆底盘编号为 5995 的 250 LM，在 1964 年被卖给了 Serenissima 车队的老板康特·沃尔皮·迪·米苏拉塔（Conte Volpi di Misurata）。这辆车在为他的车队参赛两年后在 1967 年被改装成一辆特别版公路跑车。这款 LM 是为公路驾驶而改进的，它配备了有机玻璃后窗、电动车窗、空调和镀铬前保险杠以及配套的后部宽幅全包式保险杠。在生产阶段的后期，一些车辆安装了玻璃纤维车身，皮耶罗·卓戈（Piero Drogo）在摩德纳（Modena）的跑车车身制造公司为这款车开发了一款"长鼻子"的车身改装套件，既改善了空气阻力又增加了前下压力。

这台 3.3 升发动机每个气缸的容量为 275 毫升，这是通过将行程保持在 58.8 毫米的同时，将缸径从 250 发动机的 73 毫米增加到了 77 毫米来实现的。这台更大的发动机在 7500 转/分时产生了 239 千瓦的功率，而 3.0 升的发动机在同样转速可以产生 224 千瓦。相应的，这台发动机的转矩在同样 5500 转/分条件下与 3.0 升发动机的 294 牛·米相比提高到了 314 牛·米。唯一略显逊色的数据是升功率，从 75.3 千瓦/升下降到了 72.6 千瓦/升。这个动力装置是法拉利公路跑车机械和技术上的飞跃，就像恩佐·法拉利的名言所说的那样，"马只能在车的前面拉车，而不是在后面！"，在这之前恩佐坚决反对改变发动机的安装位置。

来自赛车的创新解决方案推动了发动机性能的提升。其中一个优化是使用了更轻的渗氮钢曲轴，平衡了重量，高速运转更加平稳。曲轴重 18.8 千克，由缸体内 7 个主轴承撑托着。同时使用的一个轻钢飞轮，重量仅为 5.6 千克。LM 的发动机缸体、气缸盖、凸轮盖、进气总管、油底壳、正时链条盖及附属铸件均采用轻质硅铝合金铸造，发动机总重量为 195 千克。每列气缸具有单顶置凸轮轴，由缸体前面与曲轴连接的三联链轮驱动。每个气缸的半球形燃烧室上有两个气门，直径 38 毫米的进气门位于发动机的 V 字形

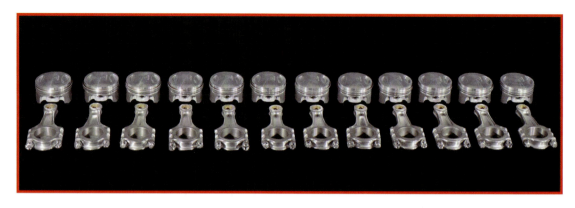

的中心，外侧是直径 34.5 毫米的排气门。发动机气缸缸径 77 毫米，行程 58.8 毫米，每个浅凸冠形活塞的重量为 272 克。活塞由 Borgo 制造，有两个气环和一个油环。

点火顺序是 1-7-5-11-3-9-6-12-2-8-4-10，1 号气缸在右侧的第一个，7 号则位于缸体的最左边。连杆大端呈水平分角（对侧气缸的连杆在曲柄轴颈上组成一对），并由 GMN 钢制成，其特征是"双 T"形横截面，每个连杆重量为 480 克。

进气系统由六个韦伯 38 DCN 下吸式化油

↑ 12 个活塞一字排开，展示了浅凸冠形活塞和钢制连杆，注意连杆大端轴承与杆体的水平分角。

→ 渗氮钢曲轴重 18.8 千克，有 7 个主轴承。请注意在每个轴承大端颈上的双油孔，用于连接每个轴承上的一对连杆。

↓ 气缸盖的构造看出每个半球形燃烧室有两个气门，近端是六个排气口。

器组成一列，安装在发动机中央的双进气总管上，由一对 Bendix 电动燃油泵从一对 70 升铝制油箱（带有相互连接的平衡管）提供燃料，发动机两侧各有一个。靠近座舱防火墙，12 伏点火系统

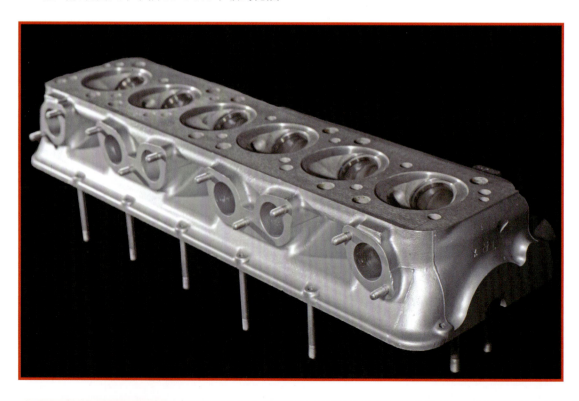

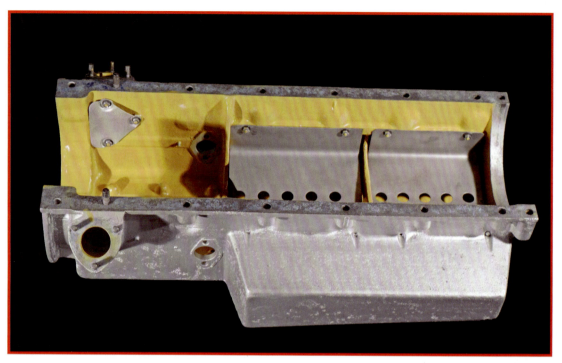

↑ 为了防止制动、加速和转弯时产生油浪，在油底壳内安装了挡板。

法拉利 250 LM – 技术数据

发动机代码	210/211
发动机类型	后置纵向，60 度夹角，V12
缸径 × 行程	77 毫米 ×58.8 毫米
总容量	3285.72 毫升
单缸容量	273.81 毫升
压缩比	9.7 : 1
最大功率	235 千瓦 /（7500 转 / 分）
升功率	71 千瓦 / 升
气门配置	每缸双气门，单顶置凸轮轴
燃油供给	六联装双腔韦伯 38/40 DCN 化油器
点火	每气缸单火花塞，双分电器，双线圈
润滑系统	干式油底壳
离合器	干式单片
最大转矩	317 牛·米 /（4800 转 / 分）
点火顺序	1-7-5-11-3-9-6-12-2-8-4-10

由 Magneti Marelli 公司生产，每个气缸列有一个单独的线圈和分电器。凸轮轴驱动的分电器垂直安装在发动机的后部。火花塞安装在发动机的外侧，而原装的火花塞为 Marchal HF33R 型。作为竞赛用车型，采用了干式油底壳，以便在各种条件下提供更稳定的润滑效果。机油舱、机油散热器和散热器安装在前舱里。LM 的一个不同寻常的特点是，沿底盘布置的椭圆形钢管被用来将发动机流体（油和水）从发动机运送到前置散热器和油箱。这种布局的一个不利之处在于热量会沿着钢管传递到没有隔热功能的座舱，导致座舱热得非常不舒服。

在马拉内罗的法拉利竞赛部门和生产部门的通力合作下，实现了利用 250 P 的布局生产一辆采用后置式减速驱动桥模式且变速器沿传动轴向后延伸的"公路跑车"。为了集中重心，也为了减少后轮悬架上的重量，邓禄普（Dunlop）盘式制动器安装在内侧靠近变速器的位置，通过与后翼子板进气口连接的冷却管冷却。五档非同步啮合变速器安装在限速差速器的后部，两者共

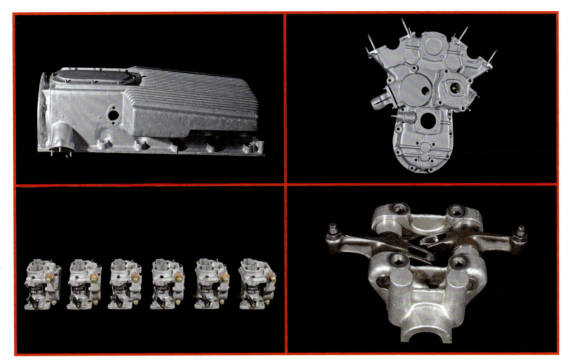

↑↑ 倒置的油底壳视图。侧面的"翼"增大了机油容量，而不会增大油槽深度。

↑↑ 轻合金铸造的正时盖保护着三联正时链轮，顶部的镙柱用于固定凸轮轴盖。

↑ 六联装双腔韦伯（Weber）38/40 DCN 化油器安装在 60 度夹角 V12 发动机的中央。

↑ 滚轮凸轮随动件（连同支架）用于操作进气门和排气门。

用一个合金外壳。有四种不同的后轴减速比：4.842 : 1、4.426 : 1、4.038 : 1 和 3.548 : 1。变速器的特点是配有齿轮驱动的润滑油泵，离合器是安装在发动机飞轮上的一个干式单元。后置的 3.3 升法拉利 V12 发动机的出色性能，加上 250 LM（净重 820 千克）的重量，使这辆车的速度可以轻而易举地在 5 秒内从静止达到 100 千米/时，这在当时而言是相当惊人的。

其中一名比大多数人都更了解这款车的是赛车手大卫·派珀（David Piper），他在一段时期内驾驶过多辆 250 LM。并拥有了最后一辆出厂的底盘编号为 8165 的 250 LM，他得到的这辆车几乎还是新的。在此之前，他已经拥有了两辆 250 GTO，第二辆被他进行大幅度改装以保持竞争力。同样对底盘编号 8165 的这辆车，他也进行了大量的改装，以保持在国际比赛中的竞争力，直到最近继续在老爷车竞赛中参赛。如前所述，国际汽联拒绝承认 250 LM 为 GT 车，因此它必须在 3.0 升以上 GT 原型车组别与像 4.7 升的福特 GT40 这样的大排量跑车同组别参赛。

福特 GT40 是对恩佐·法拉利决定放弃与亨利·福特二世（Henry Ford II）几乎达成的交易的回应。法拉利原打算将自己的公司出售给福特，而后者希望将汽车比赛作为一种营销工具。交易的失败据说是在最后一刻由于恩佐不能保持对赛车部门的独立控制权而拒绝签署合同。这次断然拒绝促使亨利·福特二世决定启动自己的跑车竞赛计划，起始于与 Lola 在英国的合作，最终导致了 GT40 的问世并开始了在世界汽车赛场上与法拉利的较量。

遗憾的是，除了经私人客户之手，250 LM 并没有进一步的开发和更新，而它本有潜力成为

← 干式单片离合器，图中包括飞轮和离合器压盘，由 Fichtel & Sachs 公司制造。

↑ 正时盖铸件上带有之前 128 F 发动机的代码标记。

一件成功的武器。即便如此，它还是在当时许多顶级车手的推动下取得了许多成功，比如洛伦佐·班迪尼（Lorenzo Bandini）、约翰·瑟蒂斯（John Surtees）、杰基·斯图尔特（Jackie Stewart）、格拉汉姆·希尔（Graham Hill）、丹尼·胡姆（Denny Hulme）和约亨·林特（Jochen Rindt）。这款车第一场重大比赛的胜利是在 1964 年 7 月，在 Reim 的 12 小时比赛中，格拉汉姆·希尔（Graham Hill）和约阿金·邦尼耶（Joakim Bonnier）在马拉内罗特许车队（Maranello Concessionaires）旗下参赛并赢得了胜利，获得第二名的是北美车队（NART）的约翰·瑟蒂斯（John Surtees）和洛伦佐·班迪尼（Lorenzo Bandini）。这款车型最负盛名的胜利出现在 1965 年的勒芒 24 小时赛（Le Mans 24 Hours）上，当时约亨·林特（Jochen Rindt）和玛斯滕·格雷戈里（Masten Gregory）驾驶着他们的北美车队（NART）赛车参赛并获得胜利。比赛后期 Ecurie Francorchamps 车队的皮埃尔·杜梅（Pierre Dumay）和古斯塔夫·塔夫·戈瑟林（Gustave Taff Gosselin）驾驶的赛车因爆胎落后才被挤到总成绩的第二名。而当时福特 GT40 全部的 6 辆赛车全体提前退赛。时至今日，这仍然是法拉利唯一一次赢得勒芒 24 小时的总成绩冠军。

→ 令人轻松的照片：由连杆、轴瓦、活塞、气门、弹簧、垫圈和气门盖组成的一张人脸。

↓ 三组进气总管的底部视图。每组进气总管上安装两个化油器。

跃马之心：揭秘法拉利发动机技术

250 LM 第一台后置发动机的法拉利"公路跑车"(1963)

↑ 250 LM 专为赛道而生的空气动力学外形,由宾尼法利纳(Pininfarina)利用风洞实验设计而成。

↑ 底盘编号 5995 车辆的后视图,包括保险杠和长而倾斜的玻璃窗在内,都是针对公路驾驶而做的改装。

➔ 弧线形前风窗的侧视图，包括单左后视镜。

↘ 后翼子板上的椭圆形进气口用来提供冷却内侧制动盘的空气。

↘↘ 发动机舱盖上的树脂进气口用来为紧凑而升温的驾驶舱降温。

↘↘↘ 树脂材料的前灯罩用来改进 250 LM 前鼻的空气动力学性能。

↓ 这辆底盘编号为 5995 的 250 LM，由沃尔皮（Volpi）伯爵改装为公路用途，配有树脂玻璃后窗、电动车窗、空调和镀铬保险杠。

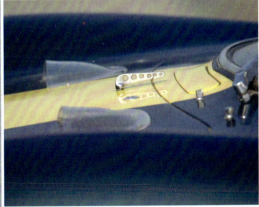

250 LM 第一台后置发动机的法拉利"公路跑车"（1963）

275 GTB
变速差速器时代的到来（1964）

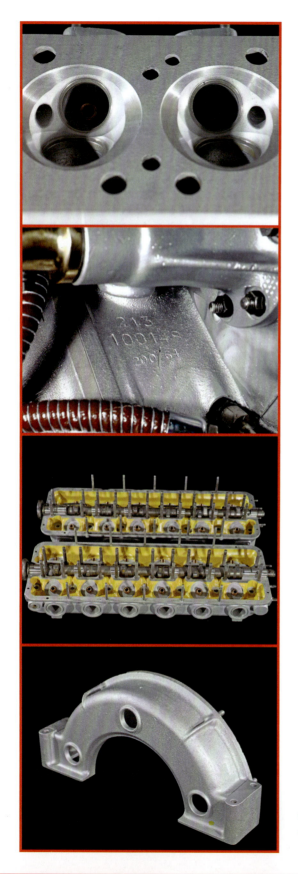

← 两个燃烧室的近距离特写，展示了气门座和火花塞孔。
← 发动机编号 213 出现在缸体铸件的右侧，下面是工厂用来识别单个发动机的"内部编号"。

法拉利 275 GTB Berlinetta 作为 250 GT Lusso 的换代车型，在法拉利公路跑车上引入了新的技术，即在变速器总成中使用组合变速器和差速器，同时使用独立的后轮悬架。在 1964 年巴黎车展上推出的这款 Berlinetta（底盘编号为 06449），恩佐·法拉利想再次强调他生产的汽车是具备长距离旅行功能的同时又是一辆可以轻松地随时"准备比赛"的双门跑车。

新车型 275 GTB 采用了巴蒂斯塔·宾尼法利纳（Battista Pininfarina）典型的设计风格，让人想起 1962 年的 250 GTO，只是增加了更多圆弧形的曲线。它前翼子板末端的前照灯配有有机玻璃灯罩，长长的发动机舱另一端是一个"后置"的驾驶舱，车顶框架经过后车窗连接一个凹陷的卡姆（Kamm）尾翼。位于前翼子板的垂直冷却出气槽造型进一步引用 GTO 的设计，但变成了规格更小的通风槽。这也是法拉利第一辆以合金铸造的车轮作为标准配置的公路跑车，尽管传统的博拉尼（Borrani）钢丝车轮同时可供选配。275 GTS 车型的车身是由宾尼法利纳在他们位于都灵的工厂制造，而 275 GTB 的车身则是由摩德纳的斯卡列蒂（Scaglietti）工厂制造。

新车型还配备了一个新的 60 度夹角 275 短缸体 V12 发动机，代码为 213。这款发动机是先前 128 F、168 型和 168 U 型发动机的一个更大排量的衍生品，它们本身都是马拉内罗工厂第一款 V12 发动机的衍生品——也就是乔克诺·克罗布（Gioachino Colombo）设计的 125 型发动机。新的 275 型发动机总排量为 3285.72 毫升，在

↖ 单顶置凸轮轴安装在气缸盖内。
← 位于飞轮/离合器总成后面的发动机防护罩的后下部分，需要用螺栓固定到缸体上。

7600 转/分时提供了惊人的 209 千瓦的功率输出，在 5000 转/分时可输出最大转矩 294 牛·米。实际上，该发动机的气缸缸径和行程（以及该发动机的单缸排气量 273.81 毫升）都与之前的 250 LM 型相同，像之前解释的那样，发动机的型号通常准确显示单个气缸的容量，而 250 LM 的型号与其实际容量不符。如前所述，250 LM 拥有一个 3.3 升的发动机——只有第一辆宾尼法利纳制造的原型车最初使用过一个 3.0 升发动机，在一场撞车事故起火后升级成为一台 3.3 升的发动机——250 LM 本质上是一辆竞赛用汽车。因此，275 GTB 发动机是在 LM 之后制造的，它直接成为了强大的竞速机器的继承者。213 发动机也是收敛了运动性能的 275 GTS Spider 的动力来源，在 1964 年巴黎车展上与 275 GTB 同时亮相。

这款 275 GTB 的变速器打出了自己的制胜牌，法拉利在自己的公路跑车史上推出了一款全新的变速器。五档变速器以一种轻质合金外壳作

↑ 差速器冠状齿轮配合滚珠轴承，包含在后变速器总成中。

为标准配置，尽管在某些竞赛版本上选配了一种特制的镁合金外壳。在这种布局中，变速器和差速器作为后轴的一部分容纳在一个外壳中，和其他机件整合成一个总成，这是一种革命性的发展和技术进步，起源于马拉内罗工厂在赛车方面的丰富经验。这款完全由法拉利制造的变速器通过一个与发动机转速同步旋转的驱动轴连接到发动机上。在 GTB 的第一个系列中，发动机由四个

↓ 铝制活塞和大端水平分角的钢制连杆，每一个组成部分都是一件艺术品！

支座固定，而变速器有三个支座。传动轴直径为 16.5 毫米，两端都有花键连接，由中央支撑轴承安装在底盘上。传动轴被设计成具有一定程度的可弹性，这是为了抵消发动机和变速器之间的细微落差。但事实证明，这种结构难以安装和保持平衡，会导致中心轴承快速磨损而引起抖动。

1965 年底法拉利试图通过采用一个直径 18.5 毫米的更大的驱动轴进行改进，其两端的花键分别连接安装在发动机和变速器法兰的万向节上，这次对原始布局的改进仍然不够彻底。1966 年初，引入了第三种也是最后一种结构，此次改进后的发动机和变速器上都有了两个连接点，由一个刚性管连接到每个连接点，驱动轴在管中运行，形成了一个刚性的抗扭结构。213 型的离合器安装在发动机飞轮上，最初是由 Fichtel & Sachs 公司提供的单片干式离合器，但 1965 年底被 Borg & Beck 公司的离合器所取代，使其能够更平滑、更快速地完成换档动作。

说回发动机，气缸缸径为 77 毫米，行程为 58.8 毫米，单缸容量为 273.81 毫升。缸体、缸盖、活塞（Borgo 制造）、油底壳、正时盖、凸轮轴盖和变速器均采用轻合金铸造。曲轴是由锻造钢

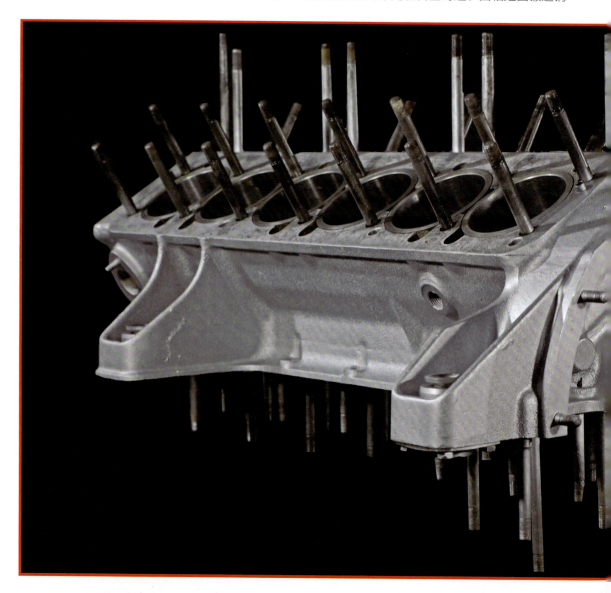

的实心钢坯加工而成，具有七个主轴承。点火顺序是 1-7-5-11-3-9-6-12-2-8-4-10。钢制连杆的轴承大端呈水平分角。

点火系统为双分电器和双线圈的组合，每个气缸列分配一组，凸轮轴的后方与分电器相分离。每组单顶置凸轮轴由曲轴链式驱动，每个气缸有两个气门。带螺旋弹簧的气门由钢摇臂带动，气门间隙通过螺栓调节。像之前的 250 系列发动机一样，火花塞位于气缸盖的外侧。燃料由一个电动泵从油箱中抽出通过滤清器后输入化油器——普通配置是三联装双腔韦伯 40 DCZ/6 或 40 DFI/1 化油器。作为一种选择，对于那些可能想用 275 GTB 参赛的客户，也可选配对发动机的功率和转矩都有提高作用的六联装韦伯 40 DCN/3 化油器。

这款法拉利 Berlinetta 的另一个非常重要的创新是采用了独立的后悬架布局，这也是从法拉利公司的竞赛车型中衍生出来的（就像变速器一样）。这是一种压制钢材质地、长度不等的上横臂和下横臂结构，有一个螺旋弹簧环绕着液压减振器，安装在上横臂和底盘支架之间。这实际上借鉴了前悬架的布局，除了弹簧、减振器组件的位置之外，前悬架的减振器安装在上下横臂之间，而且前后都安装了防倾杆。

每列单顶置凸轮轴、单缸容量 275 毫升的发动机只生产了两年。除了已经提到的对传动总成的改变，以及随之增加的发动机和变速器上安装点数量的改变之外，对机械布局没有发生任何重大变化。然而，在生产过程中，车身出现了一些细微但明显的变化，并在 1965 年的巴黎沙龙（Paris Salon）上展示了改进版的车型。最明显的改变是散热器的开口和格栅的形状，它更加突出，更浅更宽，原本的四分之一保险杠现在围绕着整个车身，而不是止于前轮开口边缘。条板型的格栅也凹进了开口内更深的位置。后窗尺寸改变并不明显，然而实际上变得更大了，为了配合这一点，之前行李舱盖内部的铰链变成了外部优雅的镀铬制品。因为没有了内部铰链的原因，也为行李舱多创造了一点空间。仪表板的布局也发生了变化，早期车型安装的一体式顶部结构，在驾驶员前面的仪表板上有一个驼峰，而新车型在仪表板上设置了一个独立的仪表盘。随着新车型的问世，"旧"和"新"车型分别被称为"短鼻"和"长鼻"款，以区分它们，尽管这是一个

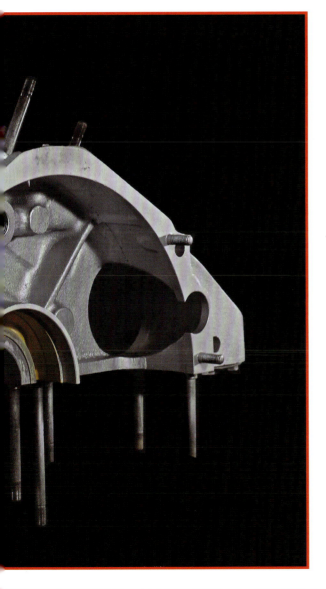

← 组装完成的轻合金制的 213 型"短款"气缸体与气缸体套。

↑ 倒置的三组双孔进气歧管，韦伯双腔化油器用螺栓固定在其上。

法拉利 275 GB – 技术数据

发动机代码	213
发动机类型	前置纵向，60 度夹角，V12
缸径 × 行程	77 毫米 × 58.8 毫米
总容量	3285.72 毫升
单缸容量	273.81 毫升
压缩比	9.2：1
最大功率	206 千瓦 /（7600 转 / 分）
升功率	62 千瓦 / 升
气门配置	每气缸列单顶置凸轮轴，每个气缸有两个气门
燃油供给	三联装或六联装韦伯双腔 40 DCN/3 化油器
点火	每气缸单火花塞，双分电器、双线圈
润滑系统	湿式油底壳
离合器	干式单片
最大转矩	294 牛·米 /（5000 转 / 分）
点火顺序	1－7－5－11－3－9－6－12－2－8－4－10

非官方的术语。改变车鼻形状的原因是为了改善原先设计的车头在高速状态下容易出现的抬升的情况。

马拉内罗工厂并没有正式公开 213 型"短款"发动机的生产数量，但至少生产了 466 台，其中 235 台安装在"短鼻"版本（第一个系列），231 台安装在"长鼻"版本（第二个系列）。还有一些虽然数量未知，但毫无疑问会被当作替换的备用发动机使用。275 GTB SOHC 型的底盘编号是从 06003 开始（这是第一台原型车，法拉利生产档案清单中第一款用于销售的车辆底盘编号为 06021）到底盘编号 09085（最后一辆 275 GTB/C，"C"代表竞赛），左舵和右舵两种形式的都有生产。对于 275 GTB，除了已经提到的技术和机械方面的改进外，因为它的变速差速器和独立悬架布局还产生了重新设计底盘的需求。它保持了前代车型 2400 毫米的轴距，并且仍然是由传统的椭圆形主纵向管与交叉结构支撑，配合车身支撑框架。然而，在后部，纵向

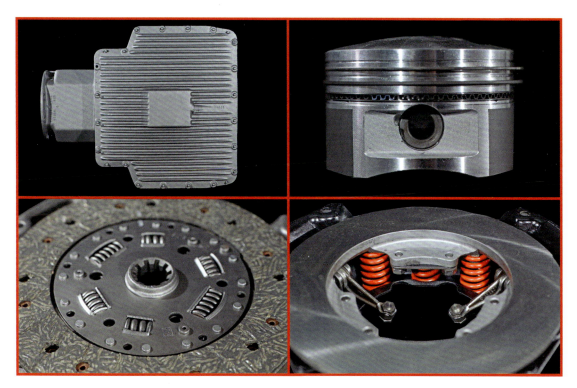

↑↑ 湿式油底壳底部,加宽的两"翼"在增加油容量的同时控制油底壳深度。

↑↑ 12个活塞中的一个,展示两个气环和一个油环。

↑ 干式离合器的单擦片位于飞轮与离合器压片之间。

↑ 弹簧负责离合器压盘,配有鲜艳的红色弹簧。

主管向内弯曲,而不是像250系列那样保持直线,以支持变速差速器。这种变速差速器的结构在重量分配方面也非常有好处,这一点又反过来使其与上代车型相比改进了操控和抓地力,并将继续延用于后续的365 GTB4车型——那个时代法拉利的最后一款前置V12发动机车型。1995年,一款前置V12发动机车型550 Maranello重新回到法拉利的阵营中,并采用了同样的变速差速器结构。

每列单顶置凸轮轴(SOHC)的213型发动机在275 GTB4型中被每列双顶置凸轮轴(DOHC)的226型所取代,1966年10月与其前代同样一样在巴黎车展上展出,底盘编号为09021。看上去,它几乎与"长鼻"版SOHC车型相同,最明显的特征是发动机舱盖上的纵向凸起。DOHC型发动机型号是226,这是法拉利第一次在公路跑车上使用这种设置,凸轮轴运转于进气门和排气门的正上方,且凸轮直接作用于桶形凸轮随动件,而不是之前SOHC发动机所采用的摇臂方式。这种DOHC的配置是另一个将竞赛车型的成功技术用于公路跑车的例子,因为法拉利从20世纪50年代中期开始就断断续续地在比赛中使用四凸轮轴的发动机。升级后的发动机采用了干式油底壳润滑,并以六联装化油器作为标准配置,据称可产生224千瓦的最大功率。除了功率的增加,DOHC发动机还通常被认为提供了一个更线性的功率输出和转矩曲线,使其对用户更加友好,这同样得益于后期SOHC系列车型中引入的刚性传动轴管结构。

275 GTB投入生产的时间刚好在法拉利和FIA因试图将250 LM认证为250 GT系列的升级版而闹翻之后。1964年末,法拉利决定生产

一款竞赛版的 275 GTB，从那时起到 1965 年初，他们生产了三辆车，底盘号分别为 06701、06885 和 07217，这些"特供车型"通常被称为 1965 版的 GTO。在 1965 年 4 月，国际汽联（FIA）因提交的样车重量远低于销售文献中提到的重量，而拒绝了法拉利提交的将 275 GTB 作为同系车型的申请。法拉利提出将汽车重量增加到规定值，但 FIA 拒绝了这个提议。恩佐·法拉利被激怒了，他声明他的车不会参加 1965 年的 GT 锦标赛。这使得国际汽联不得不重新回到谈判桌上，双方最终达成协议，275 GTB 于 1965 年 6 月被批准。由于这些争吵，当年生产的三辆汽车中只有一辆出现在了赛场上。这辆底盘号 06885 的法拉利原厂车，由詹皮耶罗·比斯卡迪（Giampiero Biscaldi）和布鲁诺·达泽提（Bruno Deserti）驾驶出现在 5 月 6 日在 Targa Florio，参加原型车组的比赛，然而参赛结果未经分类。之后这辆车再次于 5 月 23 日在纽博格林（Nürburgring）同样以原厂车的身份参加 1000 千米耐力赛，由詹皮耶罗·比斯卡迪（Giampiero Biscaldi）和吉安卡洛·巴盖蒂（Giancarlo Baghetti）驾驶，以该小组第二名和总成绩第 13 名完成比赛。然后，它被卖给了比利时的 Ecurie Francorchamps 车队并被重新喷涂成了黄色。在 1965 年的勒芒 24 小时耐力赛（Le Mans 24 Hours）中，由威利·梅里斯（Willy Mairesse）和"伯利斯（Beurlys）"

◤ 油底壳侧视图，展示了为增加机油容量而向侧面延伸的其中一个"侧翼"部分。

↑ 裸露的铝制气缸盖的内部涂有黄色的密封漆，用来密封铸件经过抛光处理后经常出现的小气孔。

（Jean Blaton）驾驶，这辆车获得了小组第一、总成绩第三（紧随两辆 250 LM 之后）的成绩。

在竞赛车型方面，法拉利制造了两个系列专供比赛用途的 275 GTB 车型。第一个系列包括 10 辆"短鼻"车型，第二个系列是 12 辆"长鼻"车型。所有这些汽车都采用了合金车身，后者的规格则更轻，且保险杠直接固定在车身而不是底

→ 图中的零部件是三联装韦伯 40 DCZ/6 双腔化油器。

↓ 铸造的法拉利标志与凸轮轴盖上的黑色裂纹漆浑然一体。

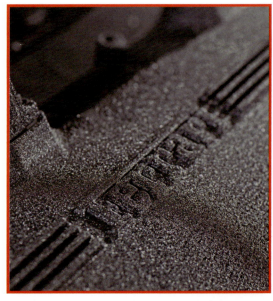

盘上。为了进一步减轻重量，变速器壳和一些发动机缸盖采用镁合金铸造。两个系列都采用干式油底壳润滑，第一个系列配置了六联装化油器；而第二个系列则采用三联装化油器，并具有后掠式进油管道，有时还配备一个用来过滤"沙石"的纱笼。人们相信采用三联装化油器总成是因为在提交同系列认证文件时出了差错。这些车被卖给私人客户或希望参加GT赛车的车队，但没有一辆是在法拉利的厂队旗下直接参加比赛的。它们在各类比赛中表现得非常亮眼，在20世纪60年代末赢得了无数组别的冠军。底盘编号06885的赛车于1965年的勒芒（Le Mans）赛事中取得好成绩之后，在1966年和1967年，这款275 GTB/C车型又赢得了更多的分组冠军。"C"作为官方命名后缀，只在第二个系列的车型中出现。

➡ 齿轮组的视图，展示了斜齿轮、同步啮合部件和一个滚珠轴承。

↘ 合金制变速器外壳，一些竞赛用车型采用了镁质外壳，这是法拉利的第一款差速变速器。

这个美丽而强大的Berlinetta带来了巨大的商业成功和广泛的赞赏，实现了法拉利量产车技术革新的新目标，法拉利成为了坐拥众多竞赛荣耀的公路跑车的终极代表而越来越受到欢迎。巴蒂斯塔·宾尼法利纳（Battista Pininfarina）自己，这个设计杰作的"创造者"，私人拥有一辆"特别版"的第一系列275 GTB的（底盘编号06437），采用的是海绿色金属漆（Acqua Verde Metallizzato），配备了六联装化油器，连同一些特别的个人改装细节，包括去掉了驾驶舱门上的照明小灯，这让他得以尽享自己创造的杰作带来的乐趣。

⬇ 前正时盖总成，包括安装好的滤清器和冷却风扇。

⬇ 钢质锻造的曲轴侧视图，显示主轴颈、共享的曲轴销和平衡配重。

⬇⬇ 两个气缸盖，正面展示的是经抛光处理的进气口位置，以及对接歧管O形密封圈的凹陷。

⬇⬇ 在正时盖的顶部V形的中心位置，一个铆接的铭牌上注明了气缸的点火顺序。

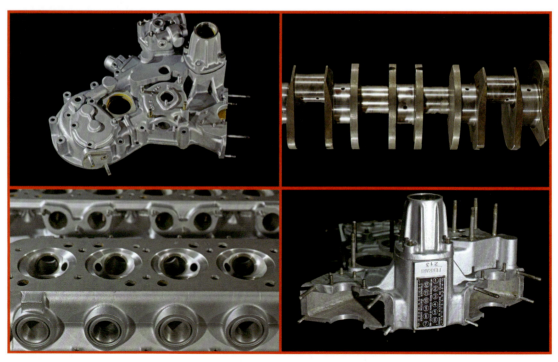

275 GTB 变速差速器时代的到来（1964）

↑ 与"短鼻"版的"大嘴巴"相比,"长鼻"版 275 GTB 的前格栅更加修长、漂亮。

↑ 卡姆(Kamm)尾翼与单尾灯组件,镀铬牌照框和同样镀铬的行李舱铰链。

➜ 镀铬的跃马标志和法拉利字样，以及凹入扰流板的行李舱锁孔。

↘ 圆形尾灯和集成后扰流板彰显了这款"随时准备比赛"的公路跑车的运动特性。

↘↘ 树脂灯罩覆盖的前照灯、凹陷的示廓灯和泪滴状转向灯强调了流线型的风格。

↘↘↘ 后轮拱的流畅曲线和后侧的三个腮状冷却口，让人毫不怀疑这辆美丽的 Berlinetta 的运动特性。

↓ 这个角度的照片，强调了这款宾尼法利纳创造的杰作强大而迷人的曲线。

275 GTB 变速差速器时代的到来（1964）

330 GTS
能力的提升（1966）

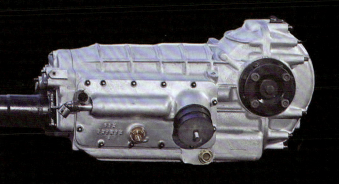

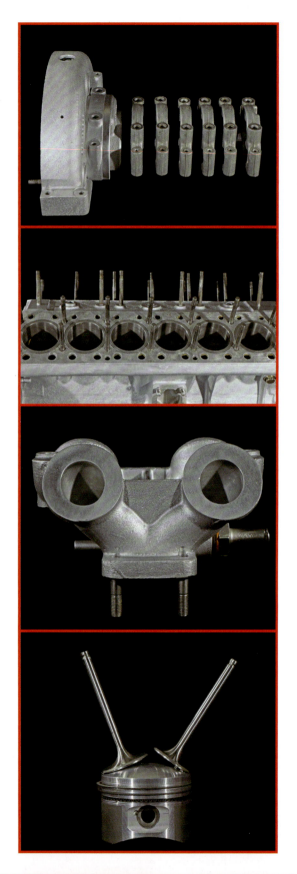

◤ 曲轴的 7 个主轴承盖和下飞轮盖（左）。

◤ 这台短缸体发动机上气缸体的一面，注意气缸套之间的狭窄间隙。

1959 年，法拉利最终放弃了由奥雷利奥·兰普蕾蒂（Aurelio Lampredi）设计的带螺纹口气缸套的长缸体设计，而在乔克诺·克罗布（Gioachino Colombo）早期设计的 V12 发动机的基础上研发了一台改进版的短缸体 4.0 升发动机。这种新型发动机具有更宽的缸径间距，是对原有克罗布发动机的升级，以求提高性能。新发动机采用了轻合金铸造的气缸体，两个孔中心之间的距离为 94 毫米，而不是以前的 90 毫米。这款新发动机首次出现在 47 辆 400 Super America 车型中，它取代了最后一款安装长缸体发动机的车型——410 Super America。

这款发动机的代码是 163，它的衍生款发动机也安装在 330 TRI/LM、330 LM Berlinetta 和 4.0 升的 GTO 中。该发动机随后进一步发展为 209 型，维持相同的总排量为 3967.44 毫升。在 20 世纪 60 年代总共生产了将近 1800 台 209 型发动机。其功率输出约为 6600 转/分时的 224 千瓦，5000 转/分时转矩 406 牛·米。升功率为 56 千瓦/升，压缩比为 8.8∶1。为了增加 250 系列短缸体发动机的容量，缸径和行程分别增加到 77 毫米和 71 毫米，因此需要修改缸体，以提供更充分的水循环来确保发动机可以得到足够的冷却。

这台对用户友好且可靠的发动机是专门针对法拉利的公路跑车设计的，从建立在 330 America 基础上的 250 GTE，到它的换代产品 330 GT 2+2，还有更富运动感的 GTC 及 GTS 车型。法拉利也对这台强大的发动机进行了竞赛

◣ 三组进气歧管之一（倒装）。歧管安装于发动机气缸盖之间。

◤ 一个微拱合金活塞，以及进气门和排气门。这些气门是由凸轮轴从动装置操作的。

用途的开发,将其适配到了几个不同的进化车型(330 P、330 P2、330 P3 和 412 P)。1967 年,传奇的 330 P4 诞生,带领洛伦佐·班迪尼(Lorenzo Bandini)和克里斯·阿蒙(Chris Amon)在戴通纳(Daytona)24 小时比赛中获得胜利。

第一个安装 163 型发动机的法拉利公路跑车是 400 Super America PF 特别版,底盘编号 1517SA ——专为詹尼·阿涅利(Gianni Agnelli)制造。这辆车参加了 1959 年都灵汽车展和 1960 年日内瓦沙龙。最初,据说宾尼法利纳的设计师和阿涅利都不喜欢其正面的设计,阿涅利把车送回了车身制造商,设计师修改了散热器开口的形状和车鼻的细节,来减少对一辆法拉利汽车来说显得冗余的东西。

如前所述,除了 330 公路跑车的生产之外,恩佐·法拉利还开发了这台发动机的特殊竞赛版本,它与公路用发动机存在着明显的细节差异。这款发动机被安装在几款带有字母"P"后缀的传奇性运动原型车中,在马拉内罗的赛车

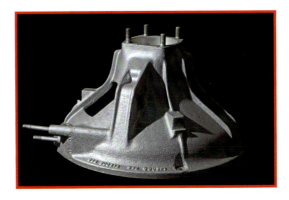

↑ 离合器钟形壳的视图。这张图顶部的四个螺柱用于固定传动转矩管(传动轴护套)。

史中占有重要地位。该系列的第一辆车是 330 P Spider,于 1963 年制造,车身由摩德纳的 Carrozzeria Fantuzzi 设计,配备了与公路车相同排量的发动机。330 P 的特点是后置纵向安装的发动机,与 209 型发动机不同的是,它配备了干式油底壳,一个位于发动机后面纵向放置的干式双片式离合器和变速器,六联装韦伯化油器和赛车型凸轮轴。这款发动机能产生 276 千瓦的

↓ 铸铝缸体,在这台发动机上,气缸孔中心之间的距离增加到 94 毫米(以前的短缸体发动机是 90 毫米)。

330 GTS 能力的提升(1966)

功率——比公路跑车版本增加了52千瓦。

1963年到1967年之间，一些其他的改进版竞赛用发动机被开发出来，它们都带有"P"的后缀。这些330系列的原型车中最后也是最著名的一款是P4，恩佐·法拉利打算用它来实现对福特的报复计划。

这款中纵置的代码为237的330型V12发动机由弗朗科·罗奇（Franco Rocchi）进行了大量改进，他设计了新的、更轻的双顶置凸轮轴气缸盖，采用了创新的三气门布局（两个进气门和一个排气门）。功率上升到每分钟8000转时的336千瓦，通过升级后的Lucas燃油喷射系统提供燃料（1966年在P3上首次使用）。这台令人难以置信的双顶置凸轮轴、36气门的V12发动机所产生的轰鸣声几乎可以与喷气式战斗机媲美！1967年，法拉利在福特主场的戴通纳24小时（Daytona 24 Hours）的比赛中取得胜利，登上了330原型车系列成功的巅峰。由两组车手驾驶的P4获得了第一和第二名，分别为克里斯·阿蒙（Chris Amon）和洛伦佐·班迪尼（Loreno Bandini）领先于迈克·帕克斯（Mike Parkes）和卢多维科·斯卡菲奥蒂（Ludovico Scarfiotti），紧随其后的是NART车队旗下的412P，在佩德罗·罗德里格斯（Pedro Rodriguez）和吉恩·吉奇（Jean Guiche）的带领下获得第三名，创造了法拉利在领奖台上的大获全胜。

在取得竞赛优异成绩的同时，4.0升209型发动机也在商品车上取得了显著的成功。它为如下多款车型提供动力，包括50辆330 America

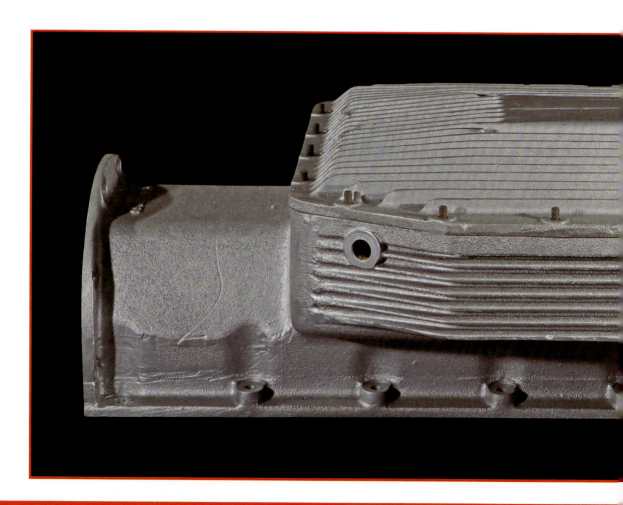

（采用 250 GTE 2+2 车身，但配备 4.0 升发动机）、1099 辆 330 GT 2+2（系列一、过渡车型和系列二）、598 辆 330 GTC、4 辆特别定制版，以及正好 100 辆 330 GTS。

330 GTC/GTS 车型采用的变速器，首次使用是在 1964 年的 275 GTB 上。330 America 和 330 GT 2+2 车型采用了传统的变速器位于发动机后方的配置方式，通过一根传动轴传递到刚性后轴。另 50 辆安装在 250 GTE 2+2 车身的发动机则配备了一个四档带超速档的变速器，第一批 330 GT 2+2 车型也是如此。

在 330 GT 2+2 第二系列投入生产之前，共生产了 125 辆过渡车型，就像法拉利的传统一样（在过渡车型上引入一些两个系列之间的不同点）。这些汽车配备了一台五档变速器，取消了 Laycock 的超速档，同时从机械操作离合器改为 Borg & Beck 制造的双盘式液压离合器。从 1965 年开始生产第二系列车型，新车型采用了新的五档变速器和一个改进过的前鼻翼，并且用单前照灯布局用来取代了第一系列的双前照灯布局。适用于 330 GT 2+2 车型的底盘编号为 08729（1966 年）所使用的发动机型号为 209/66，并对发动机缸体进行了修改，发动机的每侧只有一个安装点，而不是两个，然而该车型仍然保留了传统的变速器和刚性后桥布局。

330 GTC/GTS 车型分别亮相于 1966 年 3 月的日内瓦车展和 10 月的巴黎车展。两者的发动机和变速器安装位置相同（每侧一个发动机安装位和两个变速器安装位），275 车型从 1966 年 4 月开始制造。与 275（参看 275 GTB 内容）一样，革命性的变速差速器结构通过一个传动轴连接到发动机上，传动轴在一个刚性套管（传动轴护套）中运行，并与每个单元连接在一起。

该发动机的特点是由轻合金铸造的缸体，每列气缸单顶置凸轮轴。当时，法拉利正在设计一种双顶置凸轮轴的布局，从 1966 年开始装配在 275 GTB/4 Berlinetta 上，而 365 GTC/GTS 车型，由于不需要过多的运动性而保留了单顶置凸轮轴的布局。凸轮轴由曲轴上的三联链轮驱动，通过驱动摇臂的滚轮从动装置来操作气门。由 Borgo 制造的活塞在半球形的燃烧室中呈微拱形，并有两个气环和一个油环。曲轴、连杆和气缸套都是钢制的。润滑是通过一个配有合金底盖的湿式油底壳进行的。正时盖和凸轮轴盖同样由合金制成，点火系统的特点是双线圈和双分电器，火花塞位于发动机 V 字形的外侧。燃油通过一个电子泵从油箱供应，燃油先通过油箱旁边的独立滤

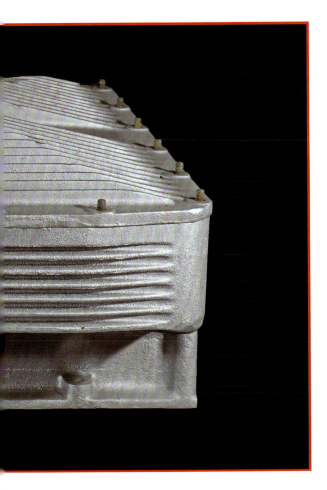

← 湿式油底壳与之前介绍的 275 GTB 非常相似。正时盖用螺栓安装在前面的法兰上。

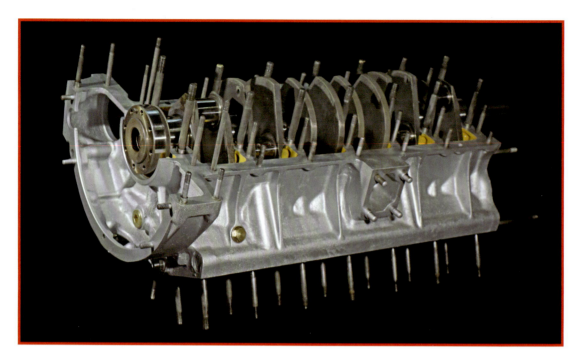

↑ 倒置的气缸体，尚未安装主轴承盖的钢制曲轴安置到位。

清器，而后再输送到发动机舱内的机械泵和滤清器组件，最后经过安装在两列气缸中心的韦伯40 DCZ/6 或 40 DFI/2 化油器。点火顺序是 1-7-5-11-3-9-6-12-2-8-4-10。

　　330型209发动机的可靠性是被业界认可的，这是驾驶乐趣（不考虑高性能）和日常维修等几方面的完美折中方案。除了法拉利的速度传统，这款发动机让马拉内罗（法拉利工厂）可以更贴近那些喜欢精致的顾客。这款V12发动机能够产生的相当大的转矩是新的"良好的用户体验"趋势的一部分，这使得跃马集团能够赢得它的客户的芳心。今天，安装了这种改进版发动机的最罕见的车款是330 America和330 GTS——唯一安装了这种发动机的敞篷车。这款330 GTS跑车的拍卖价格已经超过200万欧元，因为法拉利的收藏家们对这款车的兴趣越来越浓厚。

　　20世纪60年代，塞尔吉奥·宾尼法利纳（Sergio Pininfarina）接管了父亲的设计公司，将自己的想法融入公司的DNA，并热切地想要在公司留下自己的印记。330 GTS是塞尔吉奥

↓ 一个气缸盖的视图，近端是进气口。凸出的螺柱用于固定凸轮轴盖。

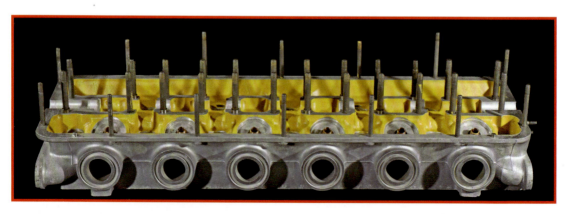

↑ 两个用螺钉固定在发动机前中部的机油滤清器。

→ 锻造钢曲轴，注意在主轴承轴颈上可见的油孔和硕大的平衡板。

↓ 一个气缸盖的视图，展示燃烧室和气门，正面位置可看到进气口。

设计的第一辆法拉利（1959年出产的不寻常但被低估的特别版400 Super America除外）。塞尔吉奥从500 Superfast的车头和275 GTS的车尾中获得灵感，设计了330GTS——我们在这一部分进行介绍的一款极尽优雅的敞篷车。

330 GTS 能力的提升（1966）

　　法拉利很少在车身上设置任何车型名称的字样，但是在 275 GTS 行李舱盖上出现"275"字样之后，330 GTS 的行李舱盖上也带有了 330 的字样。330 GTS 的美丽外形（与同样由塞尔吉奥·宾尼法利纳设计的 GTC 外形非常相似）可以说是法拉利有史以来最优雅的车型之一。塞尔吉奥个人拥有一辆蓝色的 330 GTC，在他的儿子安德里亚（Andrea）还只是个孩子的时候，塞尔吉奥经常用这辆车载着他。塞尔吉奥的车（生产的第六辆，底盘编号 8727）是一台特别定制的 330 GTC，这位都灵设计师将其用于开发后续车型的造型和空气动力学性能。

　　宾尼法利纳对他自己的这辆车进行了改装，并在随后引入到替代车型 365 GTC 和 365 GTS

◤ 后主轴承盖和下半部飞轮盖，为离合器壳提供了更低的安装位置。

↑ 两个活塞、连杆组共享一个曲轴轴颈，它们将以同样的角度装配在发动机上。

→ 进气歧管铸件入口端的俯视图。化油器安装在突出的螺柱上。

↓ 铝制正时盖，内部涂有黄色密封漆，以密封铸件表面的细微小孔。

↑ 为这本书而拍摄的汽车上安装的三联装双腔韦伯 40 DFI/2 化油器其中的一个。

法拉利 330 GT – 技术数据

发动机代码	209
发动机类型	前置纵向，60 度夹角，V12
缸径 × 行程	77 毫米 × 71 毫米
总容量	3967.44 毫升
单缸容量	330.62 毫升
压缩比	8.8 : 1
最大功率	221 千瓦 /（7000 转 / 分）
升功率	56 千瓦 / 升
气门配置	每气缸列单顶置凸轮轴，每个气缸有两个气门
燃油供给	三联装双腔韦伯 40 DCZ/6 或 40 DFI/2 化油器
点火	每气缸单火花塞、双分电器、双线圈
润滑系统	湿式油底壳
离合器	干式单片
最大转矩	406 牛·米 /（5000 转 / 分）
点火顺序	1 - 7 - 5 - 11 - 3 - 9 - 6 - 12 - 2 - 8 - 4 - 10

上，例如，发动机舱盖后角的排气格栅取代了前翼子板上的三片百叶窗组。

此外，宾尼法利纳尝试了可伸缩的前照灯，这一想法来源于罕见的 365 California Spider（共生产了 14 辆车）。4.0 升轿跑车和敞篷车的设计理念是在更运动型的 275 GTB 和 330 GT 2+2 之间的折中方案。

当 330 的生产接近尾声，就在 V6 发动机的 Dino 被提上生产日程的时候，法拉利决定将 4.0 升 V12 的排量增加到 4390.35 毫升。通过将气缸缸径增加到 81 毫米，而行程保持在 71 毫米，这款 245 型发动机诞生于 1967 年。这个发动机装备到了 365 GT 2+2 车型上，绰号"玛丽女王"。这款车是 500 Superfast 和 330 GT 2+2 的后继车型，同样采用 SOHC（单顶凸轮轴）V12 发动机布局。

1968 年，新一代 4.4 升车型问世。实际上这是两款不同的公路跑车，其中一款是 365 GTC，正如前面提到的，它的外形以及 SOHC 式的发

↑ 锻造钢曲轴的细节特写——这本身就是一件艺术品。

动机布局都与 330 GTC 非常相似。第二款车是 365 GTB4，采用每列气缸双顶置凸轮轴配置，是从 275 GTB4 发展而来。在 365 GTB4 中使用的发动机的型号是 251，这款流线型新车型的昵称是 "Daytona（戴通纳）"——这是为了纪念法拉利在 1967 年戴通纳赛事上包揽前三名的辉煌战绩。在 20 世纪 60 年代末，法拉利最后的 SOHC 式发动机（245/C 型）也有过一个短暂的生产周期，这些发动机被安装到一款产量仅为 20

↑↑ 三联装韦伯 40 DFI/2 化油器装配在各自的进气歧管上，装配了制造完美的燃料供给管。

↑ 一个气缸盖顶部内部的视图，展示了凸轮轴的安装位置并可见凸轮。

↙ 由 Fichtel & Sachs 公司生产的干式单片离合器的摩擦片。

↓ 离合器压盘总成，可见中心的膜片弹簧。

辆 365 GTS 车型上。这款车标志着法拉利单顶置凸轮轴时代的结束，此后马拉内罗工厂向着推动越来越多的技术革新的方向发展。

330 GTS 能力的提升（1966）

↑ 330 GTS 的锥形鼻出自宾尼法利纳之手,是前代车型 275 GTS 外形的进化。

↑ 除了 330 的文字徽章,330 GTS 的后部与之前的 275 GTS 车型几乎相同。

➜ 尾灯上的镀铬框架与这台优雅的法拉利的档次和风格相得益彰。

↘ 三格栅排气口是 500 Superfast 的改进版,用来排出发动机舱内的热气。

↘↘ 下凹的镀铬装饰前照灯和"泪滴"形转向灯勾勒出豪华的造型。

↘↘↘ 镀铬博拉尼(Borrani)钢丝车轮的特写镜头,以及中央的固定螺母(敲进、非螺纹口)。

↓ 330 GTS 是那个时代敞篷汽车优雅的缩影。

Dino 246 GTS
与菲亚特合作的产物（1972）

◀ 铝制活塞由 Borgo 公司生产，活塞的两侧都有切边，以减轻重量并帮助冷却。

◀ 每个活塞有两个气环和一个油环。

　　安装六缸发动机的 Dino 的问世，标志着法拉利开启了一个充满着变革和创新的新时代，既有技术上的（开发了除经典的 V12 发动机之外的一系列新发动机），同时也表现在品牌的股权结构上。事实上，1967 年的 Dino 206 是法拉利和菲亚特达成协议后生产的第一款公路跑车，该协议预示着都灵法布里卡意大利汽车公司（Fabbrica Italiana Automobile Torino，简称菲亚特）将于 1969 年初收购法拉利 50% 的股份。Dino 同样开启了法拉利公路跑车新的命名模式，采用发动机总排量与气缸数量相结合的模式，取代了之前通常用于公路跑车的传统单气缸排量的命名方式。法拉利实际上已经使用这个"新"的命名系统很多年了，从 1957 年的 156 F2 和 1958 年的 246 F1 开始。因此，"246"的型号可以理解为 2.4 升和 6 个气缸。在 Dino 上引入的最重要的技术革新是和变速器整合在一起的中置横向发动机布局——法拉利在随后的 8 缸车型将这一布局维持了 20 多年，直到 1989 年 348 车型推出时才恢复到纵向布局。

　　V6 发动机突出了马拉内罗工厂历史上的一个重要转折点：正是动力系统让法拉利和菲亚特走到了一起，并为未来 1969 年的"婚姻"指明了方向。事实上正是起因于这款革命性的 V6 发动机，最初以 2.0 升的形式出现，然后在 1969 年升级到 2.4 升的排量。法拉利在 1965 年开始与菲亚特合作。这背后的原因是，1967 年 F2 世界锦标赛规定参赛车辆的发动机必须具备一定产量，每年至少生产 500 辆安装这款发动机的汽车。

◀ 发动机的润滑是通过湿式油底壳进行的，机械油泵由曲轴上的减速齿轮驱动。

◀ 法拉利在这款发动机上的另一个创新是使用了充钠气门（空心气门杆中注有金属钠），用以改进散热。

这对当时的法拉利来说是一个不可能的数字,但与菲亚特的结盟,使得两家公司可以生产使用相同发动机的汽车,使这个年产量指标成为现实。菲亚特的 Dino 轿跑和 Spider 车型于 1966 年问世,尽管采用了传统的前置发动机,但就像来自马拉内罗的同胞一样,都带有"Dino"的徽标。菲亚特早于法拉利两年时间生产出了 Dino 车型,凭借自身实力确立了品牌地位。

这个项目的基础是恩佐·法拉利的爱子阿尔弗莱德(Alfredino,迪诺是其乳名,但这个名字更广为人知)所设想的 1500 毫升 65 度夹角的 V6 发动机,与维托里奥·加诺(Vittorio Jano)合作,这位著名的发动机设计师是卓越的菲亚特和阿尔法·罗密欧的赛车发动机和 V8 蓝旗亚(Lancia)D50 F1 发动机的创造者,将身披法拉利战袍的范吉奥(Juan Manuel fangio)送上了 1956 年世界车手总冠军的宝座。在一次采访中,恩佐·法拉利回忆道:"在漫长的大雪纷飞的冬天里,阿尔弗莱德·迪诺因肾炎一直躺在床上,我和我的朋友加诺在病床前花了很长时间讨论四缸或六缸发动机项目,还有 V6 和 V8 发动机的

↑ 每个连杆都对应各自的曲轴轴颈,并具有白色金属大端轴承。

布局模式。每天,维托里奥和我都把笔记从马拉内罗带到阿尔弗莱德·迪诺床前,我清楚地记得他对项目的内容了如指掌和自信。由于机械性能和效率的考量,迪诺得出了我们应该采用 V6 布局的结论,而我和加诺支持他的决定。"因此,第一台法拉利 65 度夹角的 V6 发动机——著名的 156 型诞生了,这款发动机在迪诺去世五个月后的 1956 年 11 月出现在了生产线上。这款 1500 毫升发动机在 1957 年 4 月的那不勒斯大奖赛上

↓ 缸体采用铸铁,这一变化既降低了成本,也为 2.4 升发动机的较大缸径提供了空间。

Dino 246 GTS 与菲亚特合作的产物(1972)

首次亮相,为路易吉·穆萨(Luigi Musso)驾驶的 156 F2 提供动力。他最终获得了第三名。而升级到 2.4 升后,这台 V6 发动机帮助迈克·霍桑(Mike Hawtorn)取得了 1958 年 F1 世界锦标赛的车手冠军。

在与菲亚特合作生产必要数量的公路跑车发动机后,166 F2 在 1967 年首次完成赛道亮相,但直到 1968 年恩佐·法拉利才对这个项目真正达到满意。由蒂诺·布莱姆比拉(Tino Brambilla)取得了两场比赛的胜利,其中一场是在德国的霍根海姆,同时德里克·贝尔(Derek Bell)驾驶姐妹车型获得第三名,以及之后罗马大奖赛的冠军。最终以布兰比拉(Brambilla)全取了两个分段的胜利,队友安德里亚·德·阿达米奇(Andrea de Adamich)以总成绩第二的成绩结束了这个赛季。在欧洲赛季结束时,这些赛车被用于在阿根廷的"临时赛车(Temporada)"系列比赛中,德·阿达米奇在阿根廷为法拉利赢

↓ 离合器钟形外壳、离合器分离叉和防尘罩。离合器电缆连接到分离叉左侧的双臂曲柄上并通过一个可调杆控制分离叉。

得了系列赛冠军。1968 年早些时候，2.4 升的 V6 发动机被应用于澳大利亚和新西兰的塔斯曼（Tasman）系列赛中，克里斯·阿蒙（Chris Amon）在该系列中以第二名的成绩负于莲花车队的吉姆·克拉克（Jim Clark）。阿蒙在 1969 年的系列赛中取得了更好的成绩，为法拉利赢得了总冠军，而格雷姆·劳伦斯（Graeme Lawrence）驾驶同一辆赛车在 1970 年复制了阿蒙的壮举。

如前所述，Dino 品牌诞生的原因也许是因为阿尔弗莱德的英年早逝，他的父亲决定用 Dino 来命名一整代六缸竞赛用汽车（包括 166 P、166 F2、246 F1、196 S、206 P、206 S 和 246 Tasman）以纪念自己的儿子。几乎没有例外的是，法拉利和菲亚特 Dino 车型上安装的 V6 赛车和公路车发动机，在它们的凸轮轴盖上都有 Dino Ferrari 的手写体字样。法拉利 Dino 六缸公路跑车用发动机的研发工作是由菲亚特 Reparto Motori 工作室的工程师奥雷利奥·兰普蕾蒂（Aurelio Lampredi）负责的，他曾在 20 世纪 50 年代初负责法拉利 V12 长缸体发动机的研发。他在 1956 年转投菲亚特，一直待到 1982 年。重新审视法拉利的公路跑车 V6 发动机项目时，兰普蕾蒂与菲亚特工程师弗朗科·罗奇（Franco Rocchi）合作，决定设计一个新的发动机缸体，曲轴中心线位于曲轴箱底座之上 85 毫米，使其更坚固、可靠以适于公路使用。兰普蕾蒂和罗奇设计的修订版 V6 2.0 升发动机最初采用合金材质的缸体，但随着发动机容量增加到 2.4 升，改变为本文中示例所展示的铸铁材料。

2.0 升和 2.4 升的发动机都应用在法拉利的 Dino 车型和菲亚特的 Dino 敞篷和轿跑车型上。在我们今天所熟知的最终款 Dino 车身造型定型之前，法拉利和宾尼法利纳生产了五款原型车。第一款和第二款原型车——Dino 206 GT Speciale 和 Dino Berlinetta GT——分别在 1965 年巴黎车展和 1966 年都灵车展上亮相。这两款车都是由宾尼法利纳的阿尔多·布罗瓦隆（Aldo Brovarone）设计，装配了 2.0 升纵向安装的 V6 发动机。直到第三辆从未在任何车展上正式展示过的原型车（生产于 1967 年），才确定使用了横向中置发动机布局。在 1967 年都灵汽车展上，展出的第四辆原型车，具备同样的 2.0 升横向发动机布局的特点。这辆车具有一个椭圆形的前散热器格栅，据报道是由于空气动力学的考虑在投入生产时进行了修改。这五辆原型车中的最后一辆在 1968 年都灵汽车展上亮相，它与量产版本的外形非常接近。最终的 Dino 外形是从阿尔多·布罗瓦隆（Aldo Brovarone）最初的草图演变而来的，在设计师莱昂纳多·费奥拉万蒂（Leonardo Fioravanti）加入宾尼法利纳（Pininfarina）并添加了自己的设计亮点后，变为了现实。1972 年，他成为宾尼法利纳研究中心的主任。

法拉利的 Dino 车型于 1968 年 4 月开始正式生产，总共只生产了 152 辆 206 GT。底盘轴距为 2280 毫米，安装 2.0 升合金发动机，在摩德纳的斯卡列蒂车身制造厂（Carrozzeria Scaglietti）安装合金制造的车身，菲亚特的发动机代码为 135 B（法拉利代码为 246 B）。为了将 Dino 树立为一个单独的品牌，它拥有了自己独特的偶数汽车底盘序列编号，而当时传统的法拉利公路跑车使用的是奇数底盘序列号，偶数序列号则用于竞赛用车。对法拉利而言革命性的且被讨论最多的决定在于，Dino 上采用的中置横向发动机布局，与之前的前置发动机布局相比，有效降低了整车的重心。此外，发动机和变速器几乎位于驱动轴的正上方，传动损失非常少，因此具有优良的操纵性。

1969 年（同年，法拉利将公司 50% 的股份

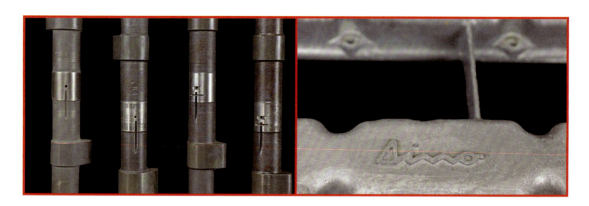

出售给菲亚特）生产的 2.4 升 Dino 发动机的总排量为 2419.20 毫升，单缸容量 403.20 毫升，缸径为 92.5 毫米，60 毫米的行程。这台小巧但强大的 65 度夹角的 V6 发动机在 7500 转/分时可以产生 145 千瓦的功率，最大转矩为在 5500 转/分时的 225 牛·米，升功率为 60 千瓦/升，重量/功率比为 5.5 千克/马力（1 马力 ≈ 0.735 千瓦）——绝对不输给马拉内罗制造过的任何一辆公路跑车。这台流线、紧凑的 Berlinetta 重 1080 千克，最高速度约为 235 千米/时，0—100 千米/时加速约 6 秒。这个新发动机，生产于 1969—1974 年，它被安装在 2487 辆 246 GT 车型和 1274 辆 246 GTS 车型（本文中出现的发动机安装在一辆 246 GTS 系列的 E 车型上，菲亚特编号 135 CS，

↖ 四个锻造渗氮钢凸轮轴的特写镜头。

↑ 铸铁的 2.4 升六缸发动机的合金凸轮轴盖上的 Dino 字样。

➡ 实心锻造钢曲轴驱动四个主轴承——两端各一个，每对连杆轴颈之间各一个。

↙ 其中一个合金气缸盖，显示了燃烧室、气门座以及三个出气口。

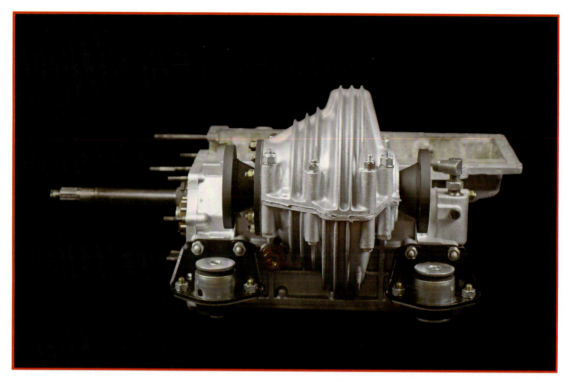

↑ Dino 革命性的变速器，五个前进档和一个倒档，安装在紧邻发动机的侧下部。

法拉利编号为 246 L）。与该系列第一批 2.0 升的车型一样，它为法拉利公路跑车的生产开创了一个先河。但也许最重要的创新还是革命性的五档变速器，它安装在发动机的侧下方，在飞轮上安装了干式单片离合器，差速器安装在发动

↓ 水泵和恒温器安装在发动机正时链末端的壳体中。

法拉利 Dino 246 GTS －技术数据

发动机代码	135 CS
发动机类型	中置横向，65 度夹角，V6
缸径 × 行程	92.5 毫米 × 60.0 毫米
总容量	2419.20 毫升
单缸容量	403.20 毫升
压缩比	9：1
最大功率	143 千瓦 /（7600 转 / 分）
升功率	60 千瓦 / 升
气门配置	每气缸列双顶置凸轮轴，每缸双气门
燃油供给	三个双腔韦伯 40 DCN F/7 化油器
点火	每气缸单火花塞、单分电器、单线圈
润滑系统	湿式油底壳
离合器	干式单片
最大转矩	225 牛·米 /（5500 转 / 分）
点火顺序	1-4-2-5-3-6

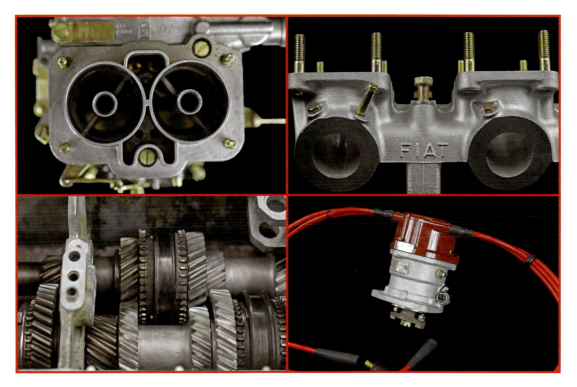

↑↑ 俯瞰三联装韦伯 40 DCN F/7 化油器其中的一组。

↑ 五档变速器内部的齿轮组视图。

↑↑ 进气歧管上的菲亚特品牌标志。

↑ Dino 是法拉利第一辆使用玛涅蒂马瑞利公司（Magneti Marelli）生产的 AEC 101 DA 电容放电点火系统的公路跑车，并配备了一个单分电器。

机的后部。变速器是由法拉利设计和制造的，与前置式发动机的菲亚特 Dino 车型所使用的完全不同。

如前所述，2.4 升机组的缸体材料由轻合金改为铸铁。主要原因是，在没有失去刚性的情况下，2.0 升的铝制缸体没有足够的空间容纳扩大的气缸缸径以适应大直径的活塞来提升排量；并且，有可能更为重要的原因是，铸铁缸体的生产成本更为经济。在 2.0 升版本中，驱动凸轮轴的链条显得有些羸弱，因此在 2.4 升版本中使用了负荷更大的链条。发动机缸体为铸铁件，但是气缸盖、凸轮轴盖、油底壳、变速器均为特殊的硅铝合金铸件。发动机采用坚固的锻造钢质曲轴，重 17 千克，配合四个主轴承：两端各一个，在每列对置的气缸连杆之间各一个，以减少振动并提供良好的可靠性。铝制活塞由 Borgo 公司制造（每一个重 440 克），首次使用在法拉利的公路跑车上（在此前的 206 车型），活塞两侧的裙边上都有切边的设计，使整个活塞呈"T"形，用以减轻重量并有助于冷却。此后，这种"T"字形设计方案（切削幅度更加明显）成为了大多数后续法拉利车型的"规律"。

短行程连杆（每根重 520 克）的每一根都有自己的曲轴轴颈，并采用了带有螺栓轴承盖的白色金属大端轴承。领先时代之处在于，法拉利使用了第一个通用电子电容放电点火系统（源自法拉利的赛车项目）——Magneti Marelli Dinoplex AFC 101 DA。通过分电器将电脉冲传递到火花塞来控制点火，六个气缸在两个曲轴运转周期内，以 1-4-2-5-3-6 的顺序等间隔依次点火。该发

↑↑ 油底壳挡板，用于避免在转弯时出现油浪。

↑ 机油滤清器，位于发动机的正时链末端。发动机安装到车上时，滤清器位于发动机舱的右侧边。

动机的另一项超前创新是使用了充钠空心杆的进气门和排气门，因为这提供了更好的散热。如前所述，凸轮轴由链条驱动，每个气缸列有一组链条，通过曲轴上驱动减速齿轮传动，每节链条都有独立的张紧器。

发动机通过一个湿式油底壳进行润滑，机械油泵由曲轴连接的减速齿轮驱动。使用了盒式机油滤清器，并在发动机室中安装了圆柱形油冷却器。发动机冷却是通过连接自曲轴的传动带驱动水泵工作。发动机前面安装了一个散热器，并带有一对温控电风扇。冷却系统还包括一个发动机舱内的油冷却器。燃料从双油箱供应，出口在左油箱的底部，由双 Bendix 电动燃油泵（和一个滤清器）输送给安装在发动机 V 形结构内侧的三联装双腔韦伯 40 DCN F/7 化油器。在化油器进油口上还安装了一个钢制的过滤箱。

双油箱的使用具有创新性，它们位于发动机

↓ 三联装双腔韦伯 40 DCN F/7 化油器安装在位于发动机 V 形结构内侧的一个歧管上。

的两侧，这一特殊的配置在当时首先被应用在法拉利的运动赛车上。这一重量分布的改进带来了平衡的操控性能，而量产汽车的车鼻轮廓可以变得更为扁平，与原型车相比减少了高速行驶时的车头抬升力。Dino 车身造型的一个亮点是球根状前鼻翼，这反映了那个时代运动原型车的另一特点。流线造型与门线相融合，门线上锥状扇形的开口部分通向后翼子板的进气口，将空气输送到发动机舱。驾驶舱的后柱包围拱形的垂直后车窗，后柱线条优雅地流向卡姆尾翼表面，车尾上是具有时代特色的传统法拉利双尾灯设计。由于 Dino 是作为一个独立的品牌进行营销的，出厂时并没有安装法拉利标志，所有的车型只在前鼻翼上有一个黄色背景蓝色 Dino 手写体签名的矩形徽章，以及尾部面板上的镀铬签名。然而，一些经销商在尾部安装了 Ferrari 字样的徽章和 Cavallino Rampante 跃马标志，以此表现与母公司的联系来促进销售。由于发动机靠近驾驶舱防火墙，发动机冷却液管路就在驾驶舱下方运行。这款汽车具有宽大风窗玻璃，空调在 1971 年底成为最受欢迎的选配项目。与此同时，该车型推出了美国版本，而在美国市场上空调是作为标配的。

1974 年 Dino 246 系列生产结束后，V6 发动机布局仅被法拉利使用在 F1 赛事中，这也是故事的开始。事实上，从 1980 年到 1988 年法拉利开始使用 V6 涡轮增压发动机参加 F1 赛事，这也包括 1980 年至 1986 年之间使用的 120 度夹角的 V 型发动机配置，以及最后两年的 90 度夹角的 V 形配置。从 2014 年至今的 F1 世界锦标赛，F1 的管理机构已经将 V6 涡轮增压发动机作为标准设置，法拉利再次启用了 V6 发动机，尽管它采用了现代材料和混动技术来实现能源回收。然而，1974 年并不是 Dino 品牌的终结，而在当年引入了第二代 3.0 升、90 度 V8 发动机的 Dino 308 GT4 2+2 车型。这款车最初是被标上了 Dino 的标志，但后来被贴上了法拉利的标志以提升在美国市场的销量，尽管 Dino 的名字仍然留在了车尾的铭牌上。这是法拉利生产的第一辆配备了中置 V8 发动机的汽车，和 Dino 246 一样，发动机是横向安装的。308 GT4 和它的同胞 208 GT4（1975 年推出，以 2.0 升 V8 发动机为特色，为配合意大利市场的财政要求，因为超过 2.0 升的汽车有更高的税率）持续生产到 1980 年。从那以后，中置 V8 发动机一直是法拉利众多生产车型的支柱，截止到 1989 年都为横向放置，直到推出 348 车型起改为纵向安装布局。

由此可见，法拉利 - 菲亚特发动机的结盟始于 20 世纪 60 年代中期，至今仍在 V8 公路跑车和 V6 F1 赛车舞台上大放异彩。

↓ 缸体采用曲轴中心线距曲轴箱底座 85 毫米的设计，为气缸内的通路提供更好的强度和可靠性。

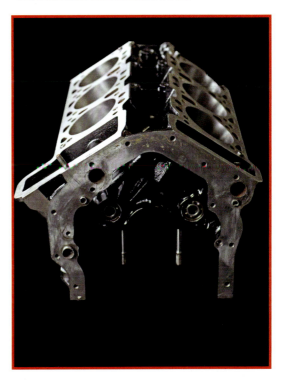

Dino 246 GTS 与菲亚特合作的产物（1972）

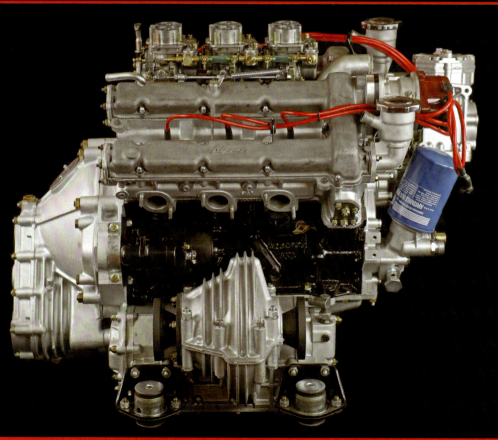

↑ Dino 紧凑、锥状的造型为未来的法拉利中置发动机 Berlinetta 车型的设计铺平了道路。

↑ 圆形的尾灯为这辆革命性的 Berlinetta 尾部造型增添了运动性。

➡ Dino 的油箱盖位于左侧帆状立柱之后。

⬇ "Dino"的字样也出现在前置发动机的菲亚特 Dino 车型上，尽管缺少在 Dino 246 上的"gt"后缀。

⬇⬇ 侧面进气口成为法拉利的标志特征，并在此后被用于诸多 Berlinetta 车型的设计中。

⬇⬇⬇ "Dino"字样的矩形黄色徽章开启了一系列成功的入门级法拉利车型。

⬇ 这辆美丽的 Berlinetta 的空气动力学造型是由阿尔多·布罗瓦隆（Aldo Brovarone）为宾尼法利纳设计的。

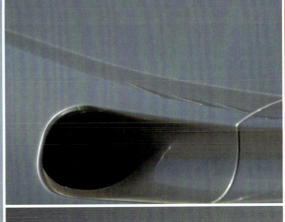

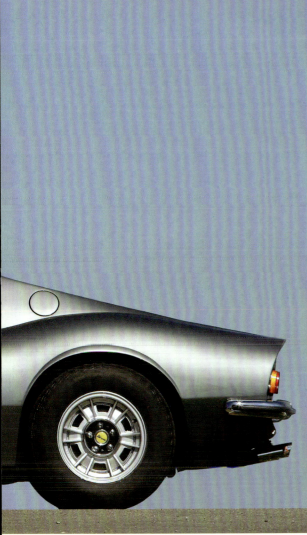

365 GT4 BB
第一辆水平12缸发动机的法拉利公路跑车（1973）

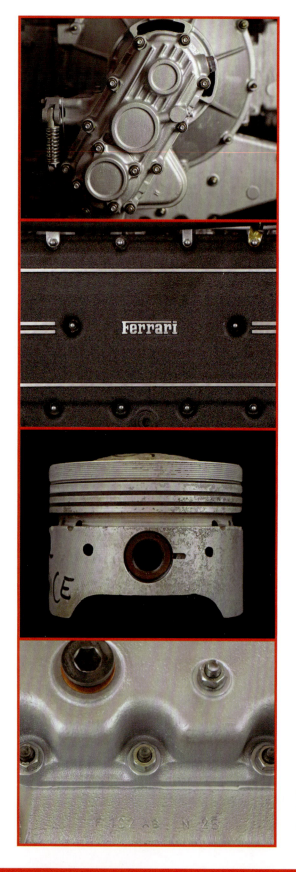

← 减速齿轮盖的正视图。变速器安装在曲轴下方,差速器与油底壳集成为一体。

← 遵循着法拉利的传统,铸造在凸轮轴盖上醒目的"Ferrari"标志。

在毛罗·福格里(Mauro Forghieri)对法拉利 F1 的伟大创新之后,在 1971 年的都灵车展上,马拉内罗推出了领导未来潮流的楔形 Berlinetta,这款汽车装有纵向中置的 180 度气缸夹角的 12 缸发动机。这款 12 缸水平夹角的发动机是在 1970 年为单座赛车 312 B 设计的,旨在缩小与法拉利 F1 的竞争对手车队之间的差距,而马拉内罗工厂希望在其公路跑车上也使用这种水平发动机。可以回忆一下,兰博基尼曾以横向 V12 发动机布局的 Miura 抢尽风头,但在 1965 年的都灵沙龙上它的底盘还未完工,然后在 1966 年的日内瓦车展上整装亮相,并以其诸多鲜明的特点获得了巨大的成功。365 GT4 BB 是法拉利的反击,凭借这种创新的发动机设计,再次将品牌推向了跑车市场的领头羊位置。恩佐·法拉利曾抗拒将发动机安装到驾驶座背后的设计,正如他所坚信的"是马拉车不是车拉马",但就像在大约十年前的 F1 赛事那样,随着运动原型车以及最近的 Dino 系列公路跑车的发展,他能够预见到是时候给法拉利的 V12 Berlinetta 带来一些革命性的变化了。继这台 Berlinetta 原型车在 1971 年都灵车展上首次亮相后,365 GT4 BB 又过了两年才开始生产。这段延迟的时间是为了对新配置的协调和操控性能进行进一步优化,也是为"伟大的恩佐"留出时间来衡量他的客户们是否会对这样一个激进的变化表示欢迎。为了对冲风险,365 GTB4 Daytona 和 365 GT4 BB 一起共同生产了几个月。

↖ 一个拱形合金活塞的侧视图,图中所示的活塞环和活塞销已被拆除。

← 压印在发动机铸件上的编号 F102 AB,表示搭载这台发动机的底盘类型。

365 型发动机的代码是 F102 A（也被称为 "Boxer"），它是法拉利公路跑车历史中最具革命性的发动机之一。应用于这台发动机的技术直接来源于 F1 赛事的经验。事实上，1970 年的法拉利 312 B F1 赛车以及随后 1971 年和 1972 年的 312 B2 赛车上都配备了水平 12 缸发动机，由杰克·埃克斯（Jacky Ickx）、可怜的伊格纳齐奥·吉瓦特（Ignazio Giunti）——他于 1971 年驾驶法拉利 312 P（B）丧生——以及克雷·雷加佐尼（Clay Regazzoni）和马里奥·安德雷蒂（Mario Andretti）驾驶。实际上，这款创新的 12 缸 F1 发动机的设计初衷是为了降低其所搭载赛车的重心，而并不是一个 "Boxer"。的确，设计师毛罗·福格里（Mauro Forghieri）评价得非常准确，他说："请不要叫它 Boxer。"他接着解释道："从技术上讲，可以说这台发动机是水平 12 缸，或者说 12 个气缸盖的角度呈 180 度的 V 字形（水平对置）。这台发动机和一个真正的 Boxer 的区别在于，法拉利发动机的两个气缸列

↑ 3 号、4 号气缸的活塞安装在气缸体内各自的气缸套中。

上相对应的连杆耦合在同一曲轴销上，两个活塞是在同一方向移动；而真正的 Boxer 发动机（例如保时捷的水平四缸发动机）的活塞则朝相反方向移动。"尽管如此，312 F1 赛车的后缀 B 被"错误地"与单词 Boxer 联系在一起。

这款由法拉利开发的创新性的发动机配置，给 F1 赛场内带来了一股新气象，在这个赛场上一些更传统的发动机占据了上风，尤其是福特

↓ 气缸体总成（沿曲轴中心线分开）的俯视图。注意铸造上的气缸号。

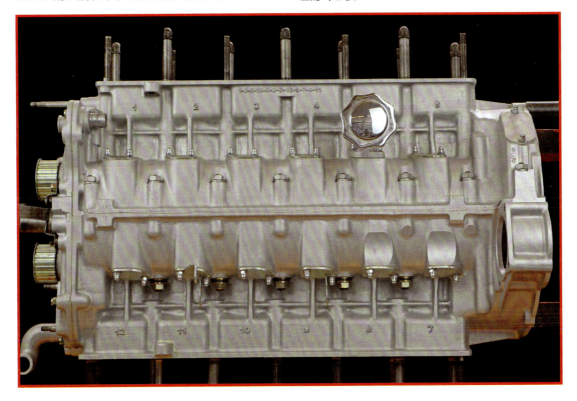

Cosworth DFV V8。这款福特发动机自1967年推出以来始终没有进行根本性的改动,但是却取得了巨大的成功。新的"水平12缸"被马拉内罗寄予厚望,试图凭借它重回F1积分榜的前列,而尽管没有立即赢得总冠军,法拉利还是在1970赛季的后半段获得了四个大奖赛的胜利(杰克·埃克斯获得三个,克雷·雷加佐尼获得一个),并帮助埃克斯和法拉利分别获得了车手亚军和制造商第二名的成绩。这一年,约亨·里恩特(Jochen Rindt)在蒙扎发生致命的事故后,成为首位死后获得F1世界冠军的车手。直到1980年,法拉利水平12缸发动机的故事在F1赛场上持续了十年,在此期间该系列发动机共为法拉利赢得了三次车手总冠军——1975年、1977年尼基·劳达(Niki Lauda)和1979年乔迪·施科特(Jody Scheckter),以及四次制造商年度总冠军(1975年、1976年、1977年和1979年),而当时的一位"新手"车手——吉尔·维伦纽夫(Gilles Villeneuve),在1979年为赢得总冠军做出了贡献。从1970年到1980年,法拉利共取得了37场F1比赛的胜利。

这款365 GT4 BB Berlinetta在1971年都灵汽车展的宾尼法利纳展台上亮相,由菲利普·萨皮诺(Filippo Sapino)在莱昂纳多·费奥拉万蒂(Leonardo Fioravanti)的监督下设计完成。从美学角度看,这辆车的前部与1968年都灵沙龙上展出的中置发动机概念车Pininfarina P6非常相似。车鼻子的下部有一个全宽幅的铝制格栅散热器,其后是行车灯,从车鼻顶部边缘开始有一条凹陷的线条围绕车身,视觉上将车身划分成了上下两半。更明显的是,在这条线之下的标准涂装是缎黑色。这种缎黑色的车底部分设计再后来成为其他车型的一种选配项目,并被称为"Boxer"漆面。在车头上方是一体成型的前盖/翼子板组件,采用前铰链连接,其特点是在前缘附近安装了一个嵌入式转向灯板。在它们的后面是一对安装在矩形舱内的可伸缩前照灯,两个前照灯中间装有纯铝制的散热格栅面板。驾驶舱前风窗倾斜

角度很陡，侧面有一个泪滴形状的小窗，后窗是一个平缓的垂直平板，后窗被一体式发动机舱盖的延伸出的扶壁包围，两侧的帆状翼板桥接到扶壁上，发动机舱盖采用后铰链连接。尾灯处理与 365 GTC/4 车型相同，采用三联圆形灯组，与这个造型相呼应的，下尾板的两侧各有一组突出的三联"豌豆射手"镀铬排气管。车门、前盖和后盖均为铝制，然而驾驶舱框架为钢制，前鼻下部和尾部为玻璃纤维注模成型。它的出厂编号为 F102 AB 100，轴距为 2500 毫米。所有车辆的底盘编号均按公路跑车惯例的奇数序列编号。制造方面遵循法拉利的原则，采用钢管底盘框架交叉支撑和子结构，以支持发动机、悬架及辅助设备。在这个车型上增加了一个新的维度，即驾驶舱部位的钢板成为整体结构的一部分，形成一个刚性、几乎构成硬壳式的中心单元。轻合金和玻璃纤维的使用使重量控制在 1160 千克（净重）。由于紧凑的车身设计，以及为行李舱留出空间的考虑，法拉利首次使用了"节省空间"的小备胎。

这款对于法拉利来说革命性的 Berlinetta 于 1973 年末投入生产，一直生产到 1976 年。1973 年马拉内罗工厂只制造了 24 辆 365 GT4 BB，接下来是 1974 年的 229 辆、1975 年的 119 辆，1976 年只有 15 辆，因为此时它已被拥有 5.0 升发动机的 512 BB 车型所取代。对于 BB 缩写（Berlinetta Boxer），作为这辆新法拉利的代号，并不完全准确，就像此前引用过毛罗·福格里（Mauro Forghieri）的评价所解释的那样，因为 F102 公路跑车发动机使用的曲轴配置与 F1 发动机相类似，即对侧连杆成组定位于同一个曲柄销上。

365 BB 的发动机是源自 001 型 F1 发动机，由福格里设计，容量为 2991.01 毫升，这台发动机为 1970 赛季的法拉利 312 B 赛车提供了动力。工程师朱利亚诺·德·安吉利斯（Giuliano De Angelis）和安吉洛·贝雷（Angelo Bellei）对这台 3.0 升的 F1 发动机进行了仔细的研究，并从中取得很多经验用于公路跑车发动机。Daytona 365 GTB4 的 251 型发动机也对 BB 发动机产生了严重的影响，与 365 GTB4 BB 采用相同的缸径和行程（81 毫米 x 71 毫米），尽管 BB 的水平 12 缸发动机没有使用与 Daytona V12 发动机相同的活塞和连杆。但 F 102 水平 12 缸的总排量与 Daytona V12 型仍旧相同，同为 4390.35 毫升。

这台革命性的发动机带来的并不只是气缸角度上的创新。这台 12 缸发动机的另一个创新是变速器刚好安装在曲轴下方。五档变速器连同差速器与合金发动机底壳集成在一起（此后的 512 BB 和 512 BBi 型号延续了同样配置）。润滑是通过一个 12 升容量的湿式油底壳进行的。最初的变速器（源自 V6 Dino 206 GT）导致 BB 的

← 四联装三腔韦伯 40 IF 3C 化油器——可能是终极的化油器设置，但需要对其参数进行精细的调整。

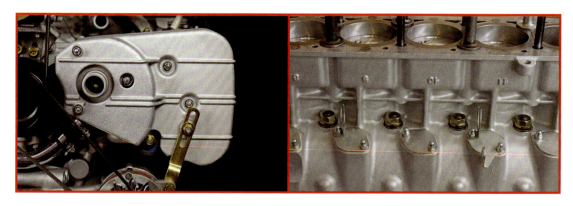

重心略高,但能够减少汽车的总长度。这种配置使发动机安装在车轴(2500毫米轴距)之间成为可能,提供了最佳的重量分配,并提高了365 GT4 BB在驾驶中的稳定性和精确性。

五档变速器配备一个限滑差速器,与油底壳铸件的后部成为一体。离合器采用单片干式,由德国公司Fichtel & Sachs提供,位于发动机的后方,通过减速齿轮将动力传递到变速器。

F102型发动机安装在387辆GT4 BB车型上,其底盘编号范围从17187至19445,采用具有十字结构的钢制曲轴。气缸体和气缸盖(DOHC配置)为轻合金,首次在12缸法拉利发动机上使用正时带实现凸轮轴的驱动,而不是以前使用的正时链。

从Daytona的正时链到BB的正时带的变

◤ 用来保护凸轮轴传动带的右侧正时盖。注意气门室盖上凸出的水泵入口。

◤ 装有活塞的缸体特写,也展示了铸造成形的气缸编号。

◤ 油底壳内部视图。在图片顶部可以看到滤清器的安装位置。

◤ 气缸体底部的视图展示连接两部分曲轴箱的螺栓以及内部的曲轴,两个连杆连接到同一个曲轴销。

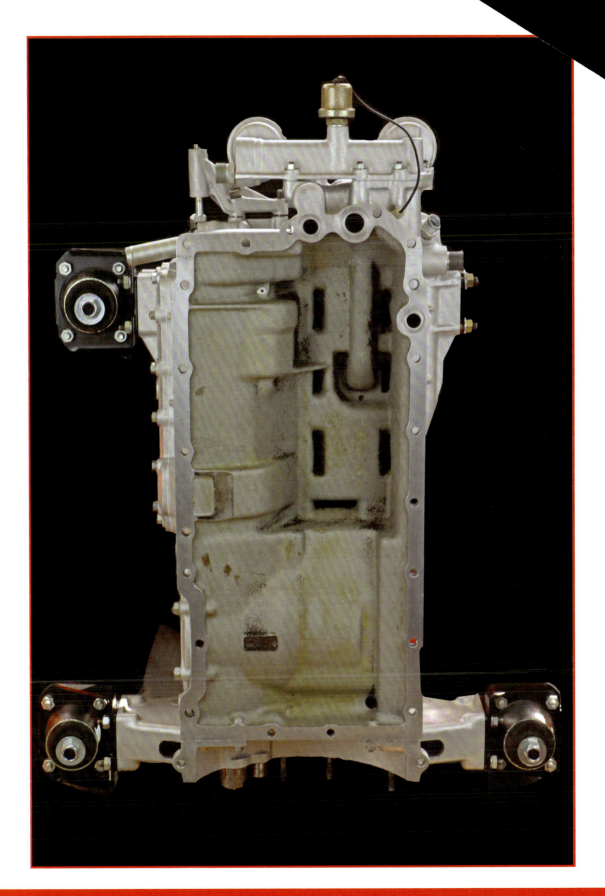

365 GT4 BB 第一辆水平12缸发动机的法拉利公路跑车(1973)

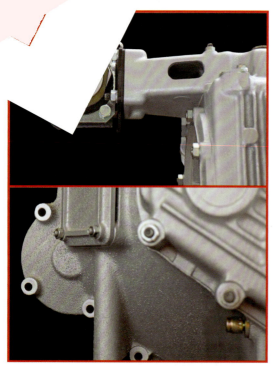

↑↑ 发动机后部一个用于连接油底壳的安装螺栓（顶视图）。

↑ 离合器钟形外壳和减速齿轮盖的近照。

法拉利 365 GT4 BB – 技术数据

发动机代码	F102 A
发动机类型	中后置纵向，180 度夹角，V12
缸径 × 行程	81 毫米 × 71 毫米
总容量	4390.35 毫升
单缸容量	365.86 毫升
压缩比	8.8：1
最大功率	265 千瓦 /（7500 转 / 分）
升功率	60 千瓦 / 升
气门配置	每气缸列双顶置凸轮轴，每气缸双气门
燃油供给	四联装韦伯 40 IF 3C 化油器
点火	每气缸单火花塞，单分电器，单线圈
润滑系统	湿式油底壳
离合器	干式单片
最大转矩	409 牛·米 /（3900 转 / 分）
点火顺序	1-9-5-12-3-8-6-10-2-7-4-11

化不但减轻了重量，更是为了降低噪声，因为发动机正好位于驾驶员的耳后。轻质合金活塞由 Borgo 制造，采用是传统构造（无剖面）的裙边设计。双凸轮轴由锻造制造，而凸轮直接通过桶状的连杆作用于气门。双油箱安装在发动机舱前部两侧，两部分之间有平衡管连接，燃料通过滤清器和电动燃油泵供给四联装三腔韦伯 40 IF 3C 化油器，而点火系统的特点是每气缸列配备双线圈和一个 Magneti Marelli 分电器。气缸的点火顺序为 1-9-5-12-3-8-6-10-2-7-4-11。曲轴由锻造钢制成，与 365 Daytona 机组的结构略有不同，因为在 BB 机组中由于水平对置的气缸盖位置造成了较高的应力。这台 12 缸 4.4 升的发动机在 7500 转 / 分时的最大功率为 268 千瓦，升功率为 61 千瓦 / 升，转速在 3900 转 / 分时最大转矩为 409 牛·米。这台水平 12 缸发动机的出色性能使 365 GT4 BB 达到 300 千米 / 时的最高速度，0—100 千米 / 时加速时间仅需 5.3 秒。

这款由马拉内罗生产的第一款水平 12 缸公路跑车发动机是 BB 系列中最强大的。实际上，能够产生 268 千瓦动力的 F102A 永远不会与其后继车型（F102B 和 F110A）等同，因为其后继者配备了进化版的"BB"。虽然四联装化油器的 512 BB（共生产 929 辆，底盘编号从 19677 至 38487）和 512 BBi（i 代表 injection，机械式燃油喷射系统）的特点是发动机排量的增大（从 F102 A 的 4390.35 毫升增大到 4943 毫升），这些发动机被刻意调试得稍微"低调"，以提供更加友好的驾驶体验，而不像激进的 4.4 升车型，需要专业的驾驶技巧才得以驾驭。实际上，512 BB 和 512 BBi 的最大功率被减少到"仅有 250 千瓦"，512 BBi 采用的是博世 K-Jetronic 机械式燃油喷射系统，取代了四联装三腔韦伯化油器（这让法拉利的狂热爱好者非常失望！）。512 BBi 车型共生产了 1007 辆车，底盘编号从

↑ 水泵的后视图，展示了驱动链轮，由左手边的正时带驱动。

↗ 水泵的前视图，展示了通过左侧正时盖突出的进水口。

→ 双机油滤清器安装点用螺栓固定在油底壳铸件的前部，顶部装有一个油压传感器。

38121 至 52935。

    关于更人性化的 512 BB，有趣的是尽管功率减小了，但驾驶乐趣并未减少。在吉尔·维伦纽夫（Gilles Villeneuve）为法拉利车队效力期间，恩佐·法拉利将一辆 512 BB 作为礼物送给了他，专门用于从他在摩纳哥的家到马拉内罗之间的通勤。事实上，维伦纽夫当时说过，他更喜欢用他的 Berlinetta "接近地面飞行"，而不是用他的直升机！他只需 2 小时 45 分钟就能跑完 500 千米的路程！

→ 离合器钟形外壳和减速齿轮组的整体外壳，包括离合器分离叉和换档机械组件。

↓ 铝制的正时盖的摆放位置与安装在发动机上的位置相同。

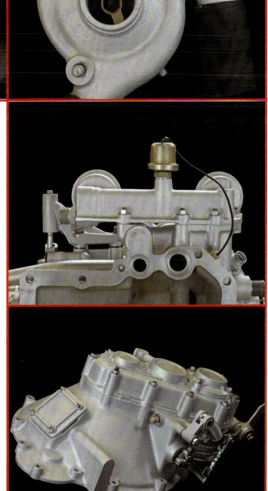

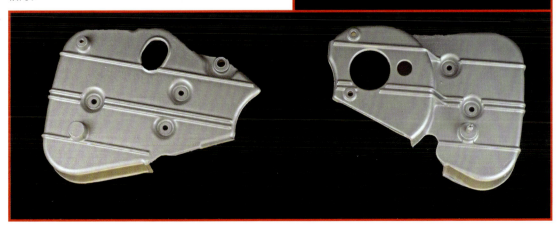

365 GT4 BB 车型结束生产后（1973—1976 年），12 缸 180 度夹角的发动机被开发并被更广泛地安装到更多的法拉利车型上，它采用中置纵向的发动机安装方式。在之前提到的 BB 系列之后，水平 12 缸发动机还被使用在 Testarossa、512 TR 和 512 M 车型，这就意味着这种配置的发动机在马拉内罗一直生产到 1996 年——生产周期成功延续了 23 年。

随着法拉利 550 的到来，水平 12 缸发动机的时代被前置 V12 发动机所取代，从而回归到恩佐·法拉利所坚持的"拉车的马一定要在车前面"这种传统理念。将 65 度夹角的 5.5 升 V12 发动机搭载于前发动机舱盖下的 550 Maranello Berlinetta 是一个新时代的开始，且一直延续到

↖ 四个进气歧管之一，包括安装到位的垫圈和橡胶垫片，用于连接三腔韦伯化油器。
↑ 倒置的油底壳、差速器总成的视图。在照片的右侧可以看到双机油滤清器的安装点。

今天。遗憾的是，伟大的恩佐没能看到他最喜爱和最受欢迎的配置回归。然而，对于被错误地称为 Boxer 的发动机，最富魅力的和罕见的化身仍然是第一台 F102A 发动机，因为它野蛮的动力传递使得其潜力只有最经验丰富的驾驶者才能完全掌控。

➡ 倒置的油底壳，显示出排油塞和意大利语的"OLIO MOTORE"（发动机机油）。
⬇ 曲轴箱的左侧，可见气缸套中标有编号的活塞。备用气缸盖螺柱上的套筒和垫圈被暂时安装的，以固定衬套。

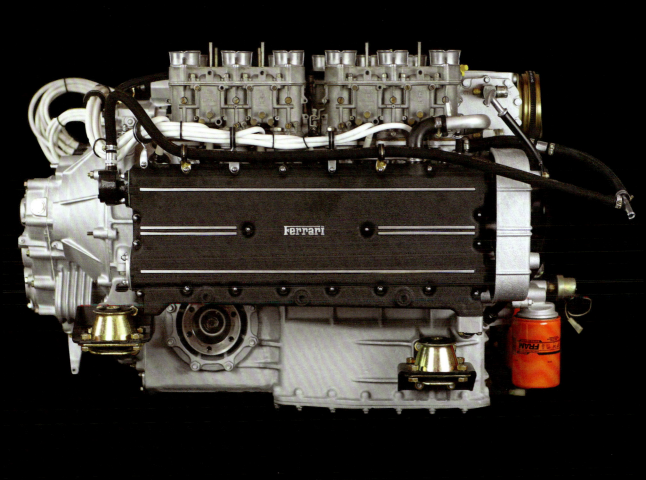

365 GT4 BB 第一辆水平12缸发动机的法拉利公路跑车(1973)

↑ 365 GT4 的可伸缩前照灯保持了个性化的外观。注意单风窗玻璃刮水器的配置。

↑ 感谢宾尼法利纳的设计，曲线与直线的完美结合为汽车外观增添了强大的冲击力。

→ 可伸缩的前照灯是当时跑车设计趋势的典型代表，且有助于提高空气动力学效率。

↘ 使用的是与 365 GTB/4 Daytona 的部件相类似的五辐条轻合金 Cromodora 车轮与铬制敲装螺母。

↘↘ 打开整体式铰链的尾部便是发动机舱，让人联想到赛车。

↘↘↘ 两侧各有三个圆形尾灯和三个镀铬的排气管，这无疑彰显了这辆车的传统运动跑车的传承。

↓ 马拉内罗第一辆安装水平 12 缸发动机的公路跑车似乎可以毫不费力地贴地飞行。

365 GT4 BB 第一辆水平 12 缸发动机的法拉利公路跑车（1973）

308 GTB
V8 时代的到来（1975）

◀ Borgo 锻造的拱顶形轻合金活塞，装有油环和气环。

◀ 在每个凸轮轴盖顶部铸有经典的法拉利标志。

得益于 Dino 206 GT 和 365 GT4 BB 车型的革命性发动机所带来的重大创新和变化，法拉利决定采用一种新的发动机配置，为公路跑车提供动力：一种 90 度夹角的 V8 发动机。这款发动机首次出现在 1973 年巴黎沙龙展出的 Dino 308 GT4 2+2 车型中，这是唯一一款由博通（Bertone）设计的"法拉利"（实际上最初只标注为 Dino）系列产品，博通同样也是早期菲亚特 Dino 轿跑车的设计者。尽管 Dino 308 GT4 2+2 的动力性能和操控性均得到了认可，却因为该车的楔状外形没有 Dino 246 车型那样拥有令人赞叹的性感曲线，而受到了褒贬不一的反应。因此，它在尤其重要的美国市场上没有取得预期的成功，尽管它是美国市场上唯一可以买到的"法拉利"车型，但却根本没有法拉利的标志！这导致美国的经销商在 Dino 徽章之外又添加了 Ferrari 的标志，并在随后用 Ferrari 标志取代了所有市场上的 Dino 徽章。

Dino 308 GT4 是 Dino 系列的新成员，而并非人们所钟爱的 246 车型的换代车型，246 车型一直持续生产，并在 1974 年与 308 GT4 短暂地同时生产过一段时间。与此同时，在都灵的宾尼法利纳设计总监莱昂纳多·费奥拉万蒂（Leonardo Fioravanti）正在设计一款 246 的双座换代车型。新车型 308 GTB 发表于 1975 年 10 月的巴黎沙龙，采用当时流行的楔形设计，但也带有 Dino 246 的一些设计特点，特别是车门位置贯通的贝壳状凹陷，扶壁之间的拱形垂直后车窗连接至车尾，以及众多圆形尾灯组成的灯组。这款 Berlinetta 配备了与 Dino 308 GT4 相

◣ 一种锻造钢短行程连杆，并安装有大端轴承盖（和固定螺母）。

◀ 八个钢制气缸套中的四个，活塞在其中运动。

同的 V8 发动机，但有一个重要的区别——它配备的是干式油底壳润滑，而不是像 GT4 那样的湿式油底壳。308 发动机可以提供 190 千瓦的功率，作为 V8 发动机的始祖，无论是中置布局还是最近的前置 V8 发动机，从当时直至今日始终是法拉利的支柱产品。

在 20 世纪 60 年代早期，法拉利在 F1 赛事中使用了 156 发动机（1500 毫升 V6），这让菲尔·希尔（Phil Hill）和法拉利分别获得了 1961 年 F1 世界锦标赛的车手和车队总冠军，这让恩佐萌生了开发 V8 版本的想法。因此，在 1961 年，著名的工程师卡罗·希提（Carlo Chiti）设计的 90 度夹角 V8 发动机每气缸列配备单顶置凸轮轴，并有两款不同的排量用于运动竞赛——分别为 2.4 升 248 SP 和 2.6 升 268 SP 车型，和它的同胞 V6 196 SP 和 246 SP 车型使用相同的底盘和车身布局。然而，在 1961 年底，作为著名的"逼供"事件的一部分，卡罗·希提离

↑ 成套的八个气门。发动机每个气缸配有一个进气门和一个排气门。

开了法拉利，使得 V8 竞赛用发动机的研发不得不终止。但这个项目为安吉洛·贝尔利（Angelo Bellei）设计的 F1 V8 发动机播下了种子，这款发动机在 1964 年首次亮相，尽管在赛季初期的表现非常平庸，但它逐步改善并凭借着良好的可靠性，把约翰·瑟蒂斯（John Surtees）推上

↓ 已经安装好气缸套的铝制 V8 发动机的缸体铸件。

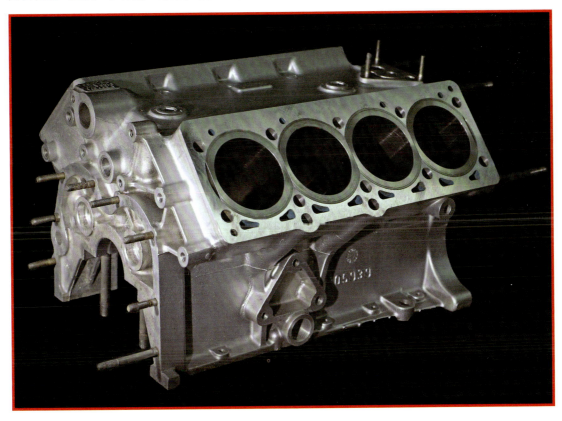

了F1车手世界冠军的宝座，把法拉利推上了他们的第二个车队冠军的宝座。在该赛季中除了令人尊敬的156发动机，他的队友们同样也使用了毛罗·福格里（Mauro Forghieri）所设计的全新1512（1500毫升,12缸）180度夹角的12缸发动机。

比赛的经验和成功使得法拉利考虑在未来的公路跑车上使用V8发动机。这个项目花了几年的时间才得以实现，而不是像人们期待的法拉利之前经常使用的手法——从赛车技术迅速实现到公路跑车技术的过渡。该项目最终在1973年以F106 AL 000型V8发动机的形式实现，这款发动机由1964年F1发动机的设计者安吉洛·贝尔利（Angelo Bellei）和弗朗科·罗奇（Franco Rocchi）设计，最初为Dino 308 GT4车型提供动力。

然而，正如前面提到的，Dino 308 GT4的造型并没有得到顾客们的一致好评，他们想要的是更有运动感的外形，这导致了Berlinetta车型的诞生——也就是使用中置横向V8发动机的308 GTB。一个法拉利新的车型产品系列的术语由此诞生，搭载90度夹角V8中后置发动机的Berlinetta将成为法拉利品牌历史上最成功的车系。缩写字母GTB（Gran Turismo Berlinetta）被采用作为车型名称的一部分，加上发动机总排量和气缸数量（3升和8缸），组成了完整的车型名称308 GTB。排量/气缸数的命名方式曾经使用在之前的Dino系列中，但是在此之前，只有在F1赛车和Dino 166和206这样的运动原型车上使用过。因此，308 GTB车

型及其编号为 F106 A021 的发动机皆源自 308 GT4，是源于"跃马"品牌客户发自内心的要求而诞生的。

  第一台安装在双座车上的横向 V8 发动机是恩佐·法拉利个人营销直觉的产物。这款发动机的排量为 2926.90 毫升，在 7700 转/分时可以输出 187 千瓦的功率，直到 1985 年推出 328 GTB 之前，它始终是 V8 系列中最强大的一款。而能够以 7000 转/分的转速产生 198 千瓦功率的 328 GTB，其动力是由一台总排量提高到 3.2 升的发动机提供。308 GTB 的发动机在 5000 转/分条件下的最大转矩为 279 牛·米，它是首款安装玻璃纤维车身（重量仅为 1050 千克）的法拉利公路跑车，这使得重量/功率比达到了出色的 2.9 千克/千瓦。从 1975 年到 1980 年，这台发动机配备了一套四联装韦伯 40 DCNF 双腔化油器，由一个电动燃油泵供油。1980 年因采用燃油喷射技术导致总功率有所下降。这一问题在 1982 年通过将发动机升级为每缸四气门而得到解决，然而最初的化油器版本仍然拥有最强大的输出功率。

  法拉利的新款 V8 车型 308 GTB 首展于 1975 年 10 月的巴黎沙龙，并打破了法拉利的传统，安装了一个玻璃纤维车身，如今这款车成为最稀有且最受收藏者们欢迎的车型。车展上共展出了两个版本，一辆底盘编号为 18677 的黄色 308 出现在 Pozzi Ferrari France 展台，而一辆底盘编号为 18679 的浅金属蓝色车身的 308 则出现在宾尼法利纳的展台。据说使用玻璃纤维制造车身的原因是制造玻璃纤维的模具比制造金属冲压模要快，而且由于 308 GT4 车型销售疲软，法拉利想尽快让新车型上线。在 1976 至 1977 年期间，该车型开始制造钢制车身，用来填补剩余的生产周期。这款犀利的 Berlinetta 的设计采用了可伸缩的前灯来简化车身线条，就像那个时期所有马拉内罗生产的汽车一样雄心勃勃，包括 365 GTB4 Daytona、365 GT4 BB 和 365 GT4 2+2，它们同样出自莱昂纳多·费奥拉万蒂（宾尼法利纳）之手。尽管面临来自阿尔多·布罗瓦隆（Aldo Brovarone），这位著名的 Dino Berlinetta 特别版原型车身之父、同样也是 206 和 246 Dino 车型的设计者的竞争，然而莱昂纳多·费奥拉万蒂还是赢得了这款车的设计合同。F106 型发动机被安装在 6000 多辆汽车上，包括 712 辆玻璃纤维车身的 308 GTB、2185 辆钢制车身的 308 GTB 和 3219 辆 "Targa"（可移动顶篷）型 308 GTS。

  这款 V8 发动机的一个特点首次应用于 1974 年的 308 GT4，它是使用凸轮轴传动带而不是正时链。在 365 GTB4 Daytona 之前所有的法拉利发动机都安装这种正时链，自从 1973 年法拉利的发动机开始使用凸轮轴传动带，安装的首款车型是 365 GT4 BB。轻合金气缸盖采用每气缸列双顶置钢制凸轮轴配置，火花塞则位于中间。其他的发动机和传动铸件同样用轻合金制造，包括缸体、油底壳、正时盖和变速器外壳。在设计气缸体时，工程师贝尔利和罗奇从 Dino 206 和 246 的布局中得到启发，将曲轴定位在距曲轴箱底座 8 厘米的地方。这样做是为了创建一个刚性结构以抵抗扭转，并且曲轴由五个主轴承支撑，同样将曲轴的振动减到最小。这台发动机的一个重要特点是平面曲轴，每两个交替连杆的曲柄销呈对置的 180 度，从其中一端看去曲轴处于一个平面上。平面曲轴的 V8 发动机不需要平衡配重（就像用在美国大缸体发动机的交叉曲轴那样）并能获得更高的转速，而平面 V8 也更容易产生振动（因此采用了五个主轴承的配置）。此外，

← 发动机前盖后方的视图。曲轴的前端穿过前盖中心的圆孔，图中所展示的是上面的两个齿轮，而安装在发动机盖另一侧的是正时带轮。下面的齿轮用于驱动机油泵。

平面曲轴的配置提供更好的排气清除效率从而提高了发动机性能。成对活塞的交替运动能够在低转速时提供更好的转矩，而高转速时提供更大的功率。然而平面曲轴相比同等配置的交叉曲轴重量更轻，这意味着它可以更自由和快速地运转。

　　F106 021 发动机的初始规格包括一个干式油底壳润滑系统，由一套压力泵和回油泵组成的系统支持（而 Dino 308 GT4 采用湿式油底壳系统）。发动机室后部两侧分别是油箱和油冷散热器，这种技术通常用于赛车，能够在最极端的驾驶条件下提供稳定的润滑性能，并通过连接油冷散热器的加压油管线获得更好的发动机冷却效果。在 1977 年 308 GTS 生产初期，即改用了湿式油底壳润滑系统，而 308 GTB 继续沿用了一段时间的干式油底壳系统。供应美国、澳大利亚和日本市场的所有车型从生产之初就使用了湿式油底壳润滑，到了燃油喷射车型出现的 1980 年，所有市场上的车型都使用了湿式油底壳润滑。308 采用的活塞与 Daytona 和 365 GT4 BB 这两款 12 缸法拉利 Berlinetta 所使用的活塞相同，

◤ 保护正时带的两个正时盖之一。开口处用于安装正时带的张紧器。

↑ 前凸轮轴盖，以及照片右上角安装分电器的法兰。

→ 锻造钢制平面曲轴，可以看到共享大端轴承轴颈上的油孔。

↓ 倒置的气缸盖，近端是进气口。凸出的螺柱用于定位凸轮轴盖。

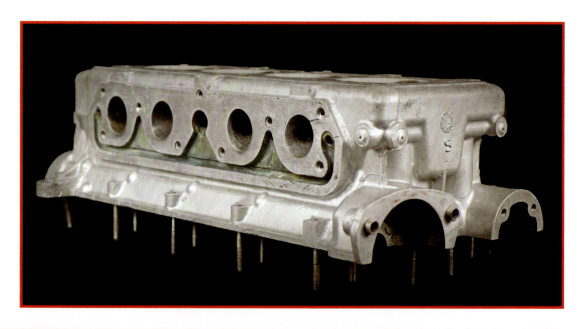

↑ 变速器/油底壳铸件的倒置视图，展示变速器齿轮轴和差速器壳体（右）。

使用轻合金锻造，由 AE Borgo 公司提供，单缸排量为 365.86 毫升。308 发动机的连杆采用锻造钢，较短的 71 毫米行程，钢制气缸套缸径为 81 毫米。点火系统采用双线圈和单分电器，点火顺序为 1-5-3-7-4-8-2-6。

与之前的 Dino 车型一样，308 型发动机、变速器的特点是飞轮上有一个机械操控的干式单片离合器，以及发动机左侧的三级减速齿轮，传动至变速器主轴。五档变速器位于发动机下方，紧邻油底壳后部，采用独立润滑供油系统，并通过一个限滑差速器和带有万向节的传动轴将动力传至后轮。由从变速器直至驾驶舱内通道上变速杆的连杆结构完成换档。这种紧凑的发动机、传

↓ 四个（正时带驱动的）锻造钢制凸轮轴。

法拉利 308 GTB – 技术数据

发动机代码	F106 A
发动机类型	中置横向，90 度夹角，V8
缸径 × 行程	81 毫米 × 71 毫米
总容量	2926.90 毫升
单缸容量	365.86 毫升
压缩比	8.8 : 1
最大功率	188 千瓦 /（7700 转 / 分）
升功率	64 千瓦 / 升
气门配置	每气缸列双顶置凸轮轴，每气缸双气门
燃油供给	四联装韦伯双腔 40 DCNF 化油器
点火	每气缸单火花塞，单分电器，单线圈
润滑系统	干式油底壳
离合器	干式单片
最大转矩	290 牛·米 /（5000 转 / 分）
点火顺序	1-5-3-7-4-8-2-6

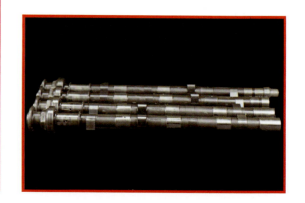

↑↑ 两个进气歧管，展示了进气管道。每个歧管上各安装一个化油器。
↑ 曲轴的五个主轴承盖，用销钉和螺栓固定在气缸上。

↑↑ 单机油滤清器，包含安装底座和油压传感器。滤清器安装在发动机后部的 V 字形结构中。
↑ 五档变速器位于发动机下方，通过三级减速齿轮传动至主轴。

动配置方式为灵活安全的操控、更好的抓地力和牵引力提供了最佳的重量分配方案。为了提升高速下的操控性能，这款车在车头下方配备了一个小型扰流板，并有一种更大尺寸的扰流板可供选择，发动机舱盖的特点是后缘有一个小的唇状结构。至于车身后部，在两侧从车顶延伸出的扶壁之间有两排黑色的透气格栅，这是用来排出发动机舱的热量。透气格栅的造型在生产过程中因型号和销售市场的不同而存在变化。为了给化油器的滤清器和油冷散热器供气，莱昂纳多·费奥拉万蒂（Leonardo Fioravanti）延长了 Dino 车型上使用过的车门凹槽设计，也使这款车与备受喜爱的 Dino 车型产生了直观的亲缘联系。

308 的驾驶舱既紧凑又宽敞，有两个舒适的皮革包裹的运动座椅和三点式安全带。主要仪表醒目地位于驾驶员视野内的合金装饰的仪表台里，仪表板前是用真皮包裹的方向盘，变速杆从中央通道的变速器开口处伸出。因为发动机的安装位置靠近驾驶舱，所以发动机产生的热量会透过防火墙传入驾驶舱，与之前的 Dino 车型一样，空调成为这款 Berlinetta 的推荐配置。然而，这种布局的优势在于发动机所发出的迷人轰鸣声刚好靠近乘客的耳朵，这种令人沉醉的轰鸣声，完美满足了客户们长期以来对驾驶体验的期待。

直到 1985 年其改进型 328 GTB 和衍生车型 GTS 问世，法拉利 V8 发动机长达十年的超长生产周期见证了其取得的巨大成功。308 系列拥有众多的衍生车型：308 GTB Vetroresina、308 GTB、308 GTS、308 GTBi 和 308 GTSi，以及 308 GTB 和 308 GTS Quattrovalvole。不包括 2.0 升的版本（有自然吸气和涡轮增压），308 系列总共制造了 12149 辆，创造了当时法拉利 Berlinetta 车型的记录。除此之外，在美国市场，由汤姆·塞莱克（Tom Selleck）主演的电视剧

↑ 为 106A 发动机输送燃料的四联装双腔韦伯 40 DCNF 化油器。

→ 变速器和油底壳集成在一起，在翅片差速器外壳的两端都可以看到传动轴法兰。同样注意图片左侧突出的变速器输入轴，和前景处涂有黑漆的两个安装点位。

↘ 离合器钟形罩和变速器外壳。通过换档齿轮将动力从离合器向下传至变速器。

《夏威夷神探》里面，主角的座驾就是一辆法拉利 308 GTS。这款车在国际上的曝光率高得令人难以置信，并进一步推动了这款法拉利车的成功。GTS 版本确实是最受欢迎的 308，其 GTS、GTSi 和 GTS QV 三个版本共售出了 8010 辆汽车！2017 年 1 月，这部美国电视剧中使用的其中一辆车（据称在这部剧中共使用了 5 辆 308，型号从 GTS、GTSi 到 GTS QV）由 Bonhams 拍卖行拍出了 18.15 万美元的高价。

正如本章前面所提到的，法拉利 V8 F106 AB 发动机从严格意义上讲并非来自于赛道，但竞赛版本的 Group 4 和 Group B 均由工程师朱利亚诺·米歇洛托（Giuliano Michelotto）的公司从该机组研发而来——朱利亚诺·米歇洛托本人因在特别版法拉利赛车中的工作而闻名。如 Facetti 和 Finotto 等其他工厂也为私人客户改装汽车。这些 308 GTB 赛车拥有玻璃纤维以及后来的复合材料车身，特点是更大的侧翼和扰流板、更宽的车轮和一些其他改动，并在各项竞速和拉力赛中取得成功。米歇洛托的 308 每缸有两个或四个气门，双气门款式的发动机能够在 7000 转/分时产生 212 千瓦的动力，四气门款式则能在 7500 转/分时产生 228 千瓦的动力。这些赛车由让-克洛德·安德鲁（Jean-Claude Andruet）和托尼诺·托纳纳（Tonino Tognana）等车手驾驶，308 Berlinetta（参加 Group 4 比赛）赢得了 1981 年和 1982 年环法车赛（Tour de France）的冠军、同年获得两届 Targa Florios 冠军、一届意大利拉力赛冠军和一届西班牙拉力赛冠军。此外，在 1981 年，卡洛·弗莱蒂（Carlo Facetti）和马蒂诺·菲奥托（Martino Finotto）制造了一辆 Group 5 的 308 型样车，配备双涡轮增压发动机，这辆车参加了多场世界锦标赛，并刷新了一次 Daytona 24 小时耐力赛的圈速纪录。

除了这些赛车方面的研发成果，应该提到的是，F106 AB 发动机也安装在 308 Millechiodi 原型车上，作为宾尼法利纳的空气动力学课题在 1977 年日内瓦车展上亮相。这辆车是 1984 年在日内瓦展示的未来推出的 GTO（288）Berlinetta 的先期预览版。事实上，以 308 的发动机为基础，重新纵向放置，将排量减小到 2882 毫升，并增加两个 IHI 涡轮增压器，这就成为了法拉利第一辆能够打破魔咒般的 300 千米/时界限的超级跑车。308 GTB 及其衍生车型取得了令人难以置信的成功，为马拉内罗工厂的 V8 车型系列指明了方向，从那以后 V8 系列一直是该公司的支柱产品。

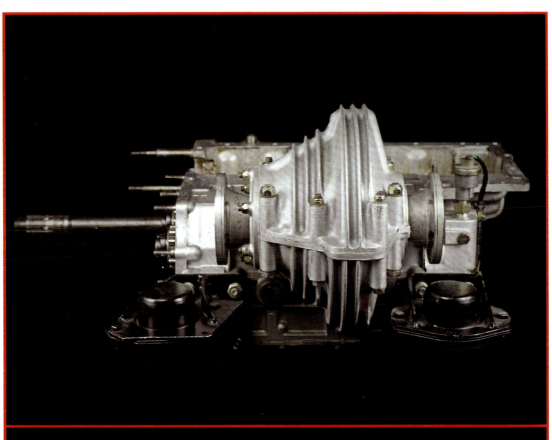

跃马之心：揭秘法拉利发动机技术

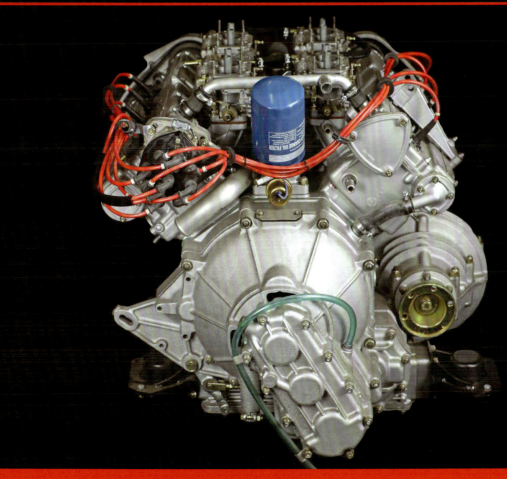

308 GTB V8 时代的到来（1975）

↑ 可选配的更低矮的前扰流板、车鼻下的宽格栅板和硬朗的车轮拱为这款汽车增加了侵略性的外观。

↑ 车尾醒目的法拉利标志性的圆形尾灯和车型标牌。

➜ 合金制五辐车轮，带有法拉利标志的轮毂盖首次出现在 1968 年的 365 GTB4 上。

↘ 极具特色的驾驶舱后柱扶壁包围着拱形的垂直后窗，后窗优雅地向下延伸至卡姆尾翼。

↘↘ 嵌入车门上的进气口凹槽灵感来自于备受喜爱的 Dino 246 车型。

↘↘↘ 308 GTB 配备的可伸缩前照灯融入到汽车的整体流线造型，这是那个时期法拉利的典型设计风格。

↓ 由宾尼法利纳设计的 308 GTB 的完美侧影，该车在前代 Dino 246 的优点基础上打造，于 1975 年的巴黎车展上亮相。

308 GTB V8 时代的到来（1975）

208 Turbo
第一辆使用涡轮增压发动机的法拉利公路跑车(1982)

208 Turbo　第一辆使用涡轮增压发动机的法拉利公路跑车（1982）

20世纪80年代初,法拉利竞赛部主管工程师毛罗·福格里(Mauro Forghieri)设计并制造了法拉利的第一台涡轮增压发动机(一台120度夹角的V6,排量1496.93毫升并配备KKK涡轮增压器),并于1980年的126 CK F1赛车中首次登场。两年后的1982年,法拉利用涡轮增压发动机赢得了F1大奖赛的车队冠军,同年,涡轮增压发动机首次被安装在法拉利公路跑车上。事实上,在1982年的都灵车展上,法拉利推出了2.0升90度夹角的V8 F106 D发动机,以中置横向的方式安装在208涡轮增压车型上。这种新的处理方式,在减少发动机排量的同时不会损失法拉利的典型性能,这成为马拉内罗工厂本土市场公路跑车项目的一个基本架构。这是因为在意大利的"困难时期",政府对发动机排量超过2.0升的汽车征收极高的"奢侈品"税。

⬇ 锻造钢制平面曲轴。曲轴前面的齿轮用以驱动机油泵。

⬇⬇ 一个倒置气缸盖的侧视图,展示了四个排气口。

基本上,这种车型只在意大利本土销售,但因为葡萄牙也有类似的税法,所以也有少量车型销往葡萄牙。而在F1赛事中,由于之前312 T5 F1赛车上使用的发动机无法符合空气动力学的最新成果——地面效应的要求,法拉利必须利用涡轮增压技术生产一台比以往自然吸气式水平12缸Boxer体积更小的发动机。1980—1988年,马拉内罗在F1比赛中使用涡轮增压发动机,赢得了两届制造商总冠军和许多分站冠军。遵循法拉利的传统,许多用于量产车的技术特点都是借鉴了以往的赛车经验。在这种情况下,F1赛车中使用过的技术,便促成了涡轮增压版法拉利208的诞生。

在208涡轮增压发动机之前,法拉利生产了一款自然吸气式2.0升V8发动机,专为意大利市场设计,于1975年首次安装在Dino 208 GT4车型上,一直生产到1980年。这款发动机的代号为F106 C,法拉利公布其输出功率为134千瓦。该发动机的一个微调版本代码为

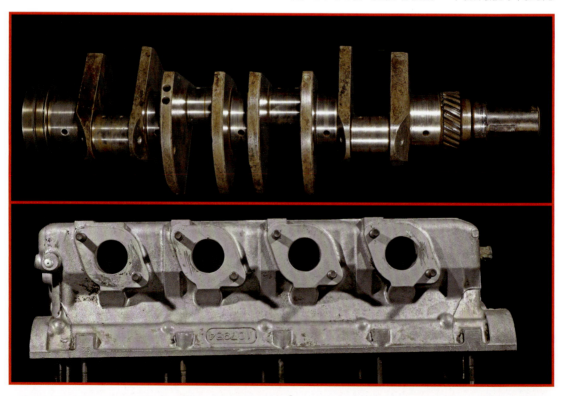

F106 CB,被使用在 1980 年推出的 208 GTB 和 GTS 车型。尽管按照当时的日常用车标准,这两款车的性能都很好,但以法拉利其他 3.0 升的同类车型——Dino 308 GT4 和 308 GTB 以及 GTS 的标准来看,这两款车可能最多只能获得平庸的评价。例如,法拉利公布的 Dino 308 GT4 的最高速度为 250 千米 / 时,而他们公布 208 GT4 的最高速度只有 215 千米 / 时。当考虑到 208 GT4 的发动机体积只是 308 GT4 发动机的三分之二且驱动的是同样重量的车时,就不为奇了。208 GTB 和 308 GTB 的比较结果相同。

对马拉内罗工厂来说,信任用涡轮增压器来解决发动机排量上的损失,从而使车辆的性能可以配得上车头上的跃马标志,是在正确的时间做出的正确选择。因此,涡轮增压项目直接源于之前使用于 208 GTB 的 2.0 升自然吸气式 V8 发动机,其目的是在不被针对大排量汽车的高额税金压垮的前提下提高性能,F106 D 发动机和 KKK 涡轮增压器的组合成功地实现了这一目标。涡轮增压式 Berlinetta 的加速能力在当时是惊人的,0—100 千米 / 时的加速时间只需 6.5 秒——比最初 308 GTB 的 7 秒更快!涡轮增压器在不显著增加发动机重量的情况下显著提高了其功率。对空气进行压缩——F106 D 发动机的最大进气压力为 0.6 巴(60 千帕)。压缩空气推动更多的氧气进入气缸,从而能混合更多的燃料,带来更多的动力。涡轮增压器有一个排气驱动的涡轮,它驱动一个压缩机,提高发动机的进气压力,从而为发动机提供更高密度的富氧空气。

208 GTB 的自然吸气发动机是由安吉洛·贝尔利(Angelo Bellei)和弗朗科·罗奇(Franco Rocchi)设计,但涡轮增压版本经过了涡轮增压专家尼古拉·马特拉齐(Nicola Materazzi)的改造,他在涡轮增压 126 CK 参加 F1 赛事的时期为法拉利竞赛部(Reparto Corse Ferrari)工

⬇ 这台发动机的缸体是 308 GTB 和 GTS 中所使用的组件中较小缸径的衍生产品。

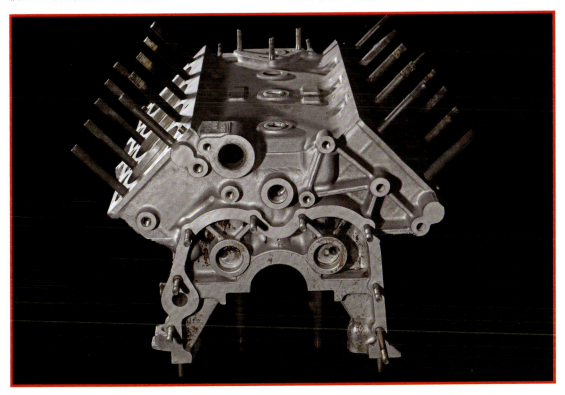

208 Turbo 第一辆使用涡轮增压发动机的法拉利公路跑车(1982)

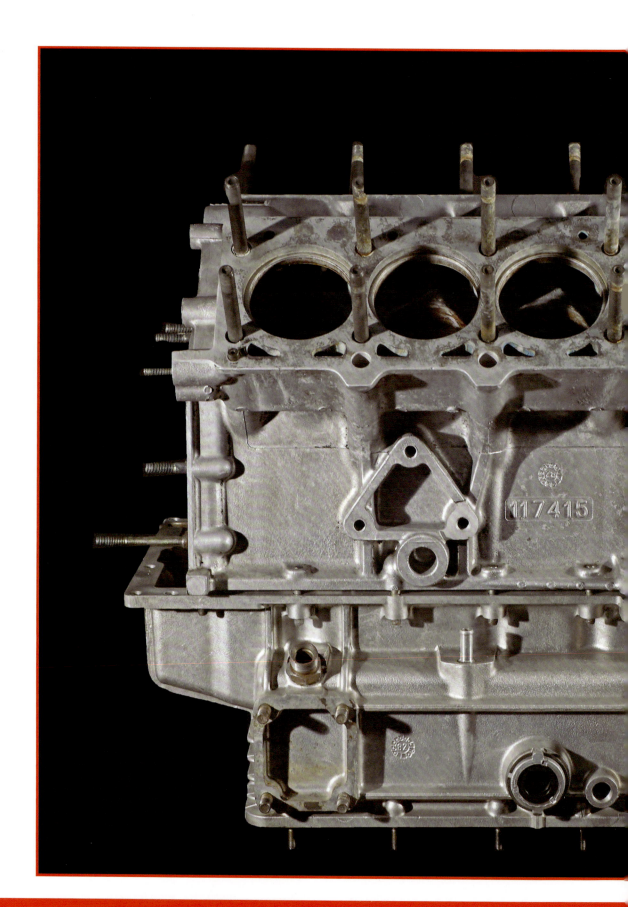

作。他成为法拉利涡轮增压公路跑车的设计师，除了开发 208 Turbo 之外，他还负责 GTO（288）以及之后 F40 的相关项目，这两者都采用了中置纵向发动机和双涡轮增压器。

F106 D 发动机的机械部件与 2.0 升自然吸气式 F106 CB 发动机相似。208 Turbo 的输出功率为 164 千瓦（而 308 的输出功率 190 千瓦），最大转矩为 4800 转/分时的 240 牛·米，208 Turbo 能够达到 241 千米/时的最高速度。这台发动机最令人印象深刻的特点是它的升功率高达 81 千瓦/升！由于这是在涡轮增压技术的早期，涡轮迟滞是相当明显的，其对动力的提升表现只有在转速超过 3200 转/分时才能被真正感受到。发动机横向安装，与 308 GTB 采用类似的方式，涡轮增压器安装在发动机后部。

90 度夹角 2.0 升 V8 涡轮增压发动机的特点是缸体、气缸盖、正时盖和变速器外壳均为铸铝材质（与 308 相同）。其每缸有两个气门，每个气缸列的双顶置凸轮轴由曲轴齿轮驱动，并配有传动带张紧器。凸轮轴通过桶形挺杆直接操纵气门。铝活塞由 Borgo 公司制造，采用钢连杆和带有镍硅碳化物涂层的铝制气缸套（1982 年的 308 车型也用这种结构取代了原来的铸铁元件）。其气缸缸径 66.8 毫米，行程 71 毫米，压缩比为 7∶1，最高转速为 7000 转/分。气缸的点火顺序为 1-5-3-7-4-8-2-6。与前文介绍的 308 车型一样，其钢制的曲轴是平面式的。润滑系统是由一个湿式油底壳完成的，压力泵直接由曲轴驱动，润滑系统中还包括一个机油冷却器。五档变速器位于油底壳后下方，与 308 GTB 的布局基本相同，只是为适应涡轮增压发动机的特性所采用的齿轮比不同。离合器是 T 式单片结构，通过减速齿轮连接到变速器。

◀ 安装了油底壳、传动装置的缸体。注意变速器右边突出的输入轴。

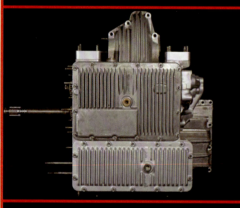

↑ 五档变速器内部视图，展示齿轮组和换档机械结构。

← 发动机油底壳铸件，包括底部的散热鳍片和放油塞。

↙ 发动机、变速器底部的视图，显示独立的发动机（位于底部）和变速器的底面（上部）。

燃料输送通过博世 K-Jetronic 机械燃油喷射系统，与 Marelli MED 804A 电子点火系统协同工作。K-Jetronic 系统是一种早期的喷射系统，在该系统中，燃料被连续地注入进气门上方，注入的燃料量由进入发动机的空气体积决定。

涡轮增压发动机产生的温度高于自然吸气式发动机，因此为了辅助冷却和加强散热，法拉利对 208 Turbo 的车身进行了修改。为了增加通过发动机舱的气流，NACA 导管被收纳至后轮前方的门壁板内。车顶后缘的扰流板不仅仅用于增加后部下压力，它还具有优化发动机舱盖上方气流的效果，以便使更多的空气通过百叶窗被吸入发动机舱。在 208 Turbo 的驾驶室内，位于中央鞍座靠近变速杆的位置上有一个仪表，用于指示瞬时增压水平。如果驾驶者遵守车主手册中的

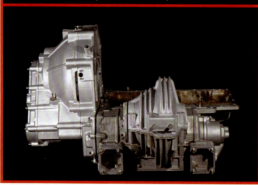

← 完整的变速器总成，左边是离合器钟形外壳和分动器，前部是差速器，后部是变速器。

➡ 锻造钢制连杆，其大端轴承盖用螺母固定安装。

↘ 其中一个合金锻造的平顶活塞，装有一个油环和两个气环。

⬇ 一个气缸列的全套完整气门——左边是排气门，右边是进气门。

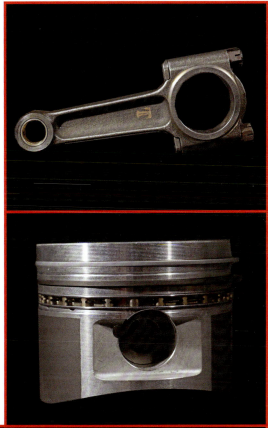

说明，就可以确保这种涡轮增压发动机的可靠性和性能。对于当时所有的涡轮增压发动机来说，最重要的原则是让涡轮转子在使用后得到冷却。因此，非常有必要在发动机熄火前再怠速状态下等待一两分钟，这样可以降低温度，从而避免转子被卡住。

从1982年到1985年，208 Turbo的生产持续了四年，共生产了437辆双门跑车和250辆敞篷车型。

1986年，在发布自然吸气式横向328 GTB/GTS的3.2升V8发动机的同时，208 Turbo也进行了一些改进，除了对车身和内饰进

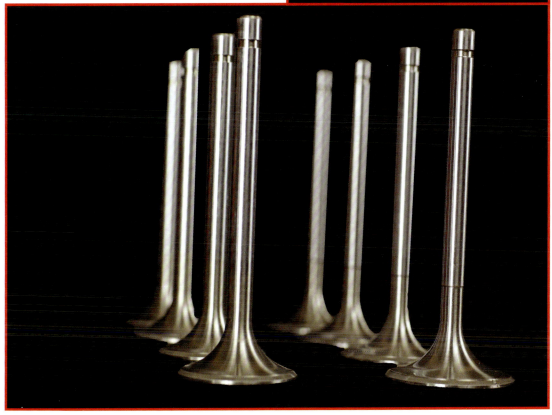

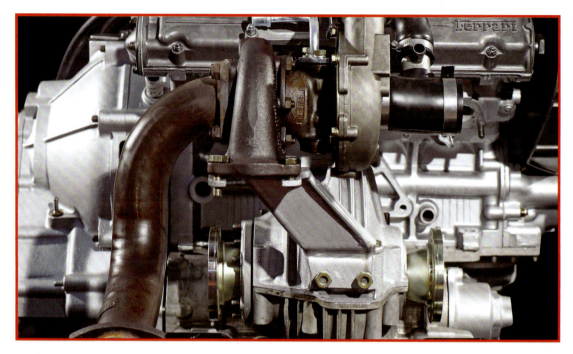

↑ 单涡轮增压器，安装在发动机后部。图中可以看到传动轴的法兰凸缘。

行了一些借鉴自 328 GTB、GTS 的改变，内部也安装了一个新的 IHI 涡轮增压器（最大工作压力为 1.05 巴），发动机代码也变为 F106N。得益于新的 IHI 涡轮增压器，功率增加至 6500 转 / 分下的 189 千瓦，这款新型 GTB Turbo 车型的最高速度可达到 253 千米 / 时，涡轮增压从发动机约 3000 转 / 分时逐渐起动。GTB 和 GTS Turbo 生产至 1989 年——共有双门版各种款型 308 辆、敞篷车型 828 辆，并成为法拉利针对 2.0 升"减税特惠"的最后一款车型。

F40 于 1992 年停产后，法拉利花了 20 多年时间才生产出另一款使用涡轮增压发动机的公路跑车，也就是首次亮相于 2014 年的前置发动机 California T。这是新一代 V8 涡轮增压发动机家族的第一款车型，该车型代号为 F154 BB，排量 3855 毫升，最大功率 418 千瓦。

在成功推出多款（如 360、430、458）自然吸气式中置 V8 发动机车型后，法拉利选择以涡轮增压的产品路线取代 458 车型，也就诞生了 488 GTB。488 车型的数字部分让人想起"旧时代"法拉利按照单个气缸的大概排量数字命名

法拉利 208 Turbo - 技术数据

发动机代码	F106 D
发动机类型	中置横向，90 度夹角，V8
缸径 × 行程	66.8 毫米 × 71 毫米
总容量	1990.64 毫升
单缸容量	248.83 毫升
压缩比	7 : 1
最大功率	162 千瓦 /（7000 转 / 分）
升功率	81 千瓦 / 升
气门配置	每气缸列双顶置凸轮轴，每缸两气门
燃油供给	博世 K-Jetronic 喷射，单 KKK 涡轮增压配外部排气泄压阀
点火	Marelli MED 840A，每缸单火花塞
润滑系统	湿式油底壳
离合器	干式单片
最大转矩	240 牛·米 /（4800 转 / 分）
点火顺序	1-5-3-7-4-8-2-6

➜ 八个气缸套，将会依次装入缸体内。

↑↑ 进气歧管顶部的集气室上,带有 Turbo(涡轮)标志的铸件采用红色涂装。

↑ 从发动机上拆卸下来的涡轮增压器元件,连接有排气管。

↑↑ 集气室铸件的整体视图,包括图片下方从涡轮导入的进口。

↑ 两个合金铸造的进气歧管被放置成安装到发动机上的相对位置。集气室安装在这两个歧管之上。

的规则,因此 8 × 488 =3904 毫升,非常接近实际排量的 3902 毫升。这款发动机型号为 F154 CB,前置的双涡轮增压发动机与 California T 车型以及该型号的替代品 Portofino 相同。对其发动机的杰出表现感到骄傲的法拉利将该发动机展示在钢化玻璃制成的发动机舱盖下——像 360 Modena 的加长后窗一样。过去的 25 年并没有白白过去,相比"只能"产生 164 千瓦的 208 Turbo,在它之后法拉利对涡轮增压概念进行了深远的探索,以致最终在 488 中使用了强大的发动机,能够在 8000 转/分时产生令人惊叹的 493 千瓦的动力。涡轮增压的故事到了 2018 年 3 月,在日内瓦车展上法拉利推出了搭载马拉内罗工厂历史上最强大的 V8 双涡轮增压的公路跑车——488 Pista,这台发动机能够迸发强大的 537 千瓦的动力,比 208 Turbo 多出 373 千瓦!

↖ 一列气缸盖，半球形燃烧室中装有气门。

↑ 差速器外壳上半部的铸件。

← 差速器和变速器外壳。

↓ 合金铸造的离合器钟形壳和分动器盖。

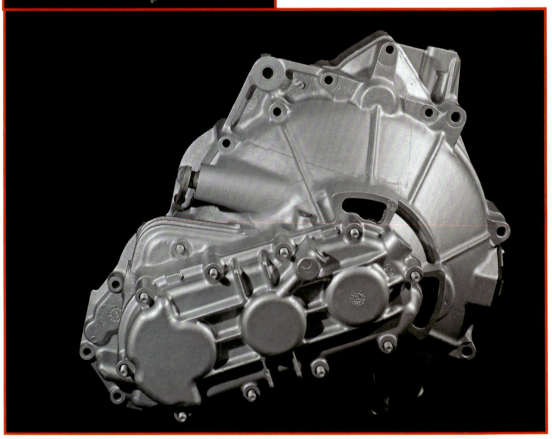

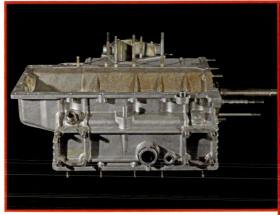

↑ 变速器外壳的侧视图，右侧为输入轴。

→ 一个气缸套的特写。

↓ 气缸体、油底壳和变速器总成，没有安装曲轴和气缸套。可见到变速器壳体右侧的输入轴。

208 Turbo 第一辆使用涡轮增压发动机的法拉利公路跑车（1982）

↑ 208 Turbo 令人印象深刻的正面造型非常类似于它的"亲戚" 308 GTB。

↑ 汽车的尾部造型与 308 GTB 类似。尾部下方可见排气消声器。

→ 这种"弹出式"前照灯有助于改善空气动力学性能，在 20 世纪七八十年代是法拉利的常规配置。

↘ 尾部标识明确地表明这是辆面向意大利市场的车型。

↘↘ 宾尼法利纳风格在这款车的一个印证，帆状 C 柱和一对圆形尾灯，"呐喊出"法拉利的品牌风格。

↘↘↘ 车头的黑色百叶窗有助于散热，并成为独特的造型特征。

↓ 位于后轮前面的涡轮导风口融入车身整体造型，这个结构用于帮助冷却发动机舱。因为涡轮增压发动机会产生大量的热量。

208 Turbo 第一辆使用涡轮增压发动机的法拉利公路跑车（1982）

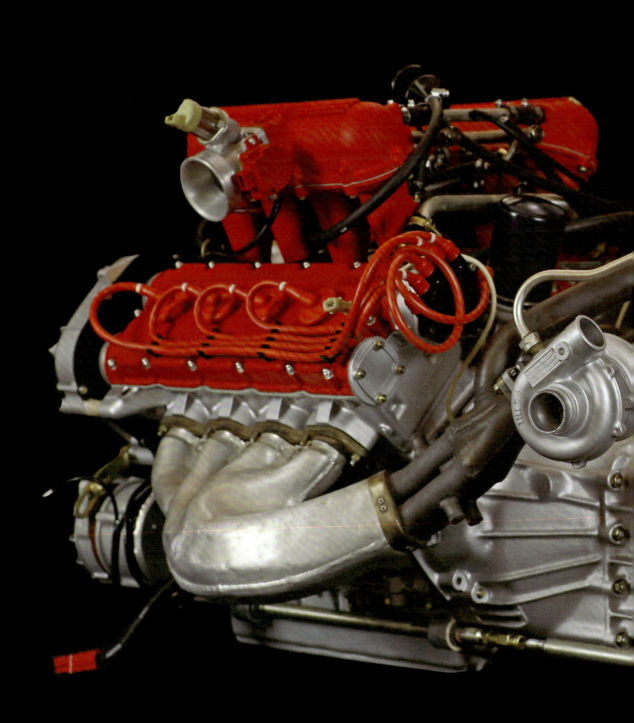

GTO（288）
双涡轮增压超级跑车（1984）

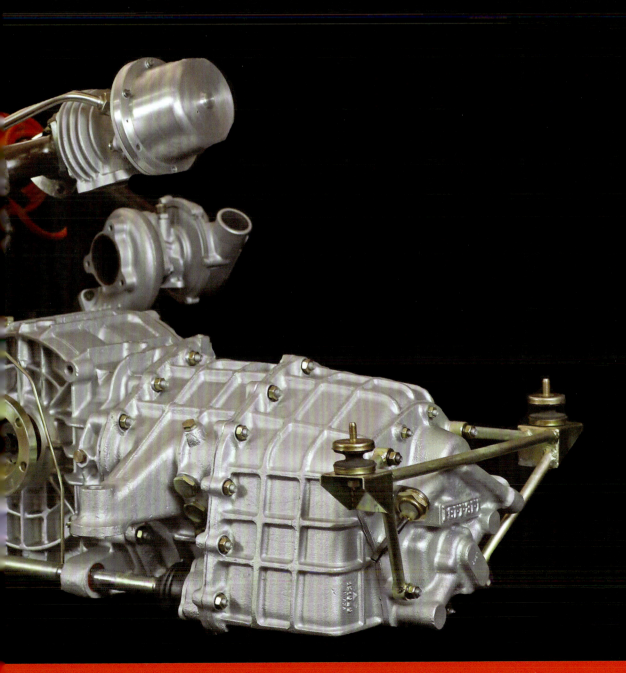

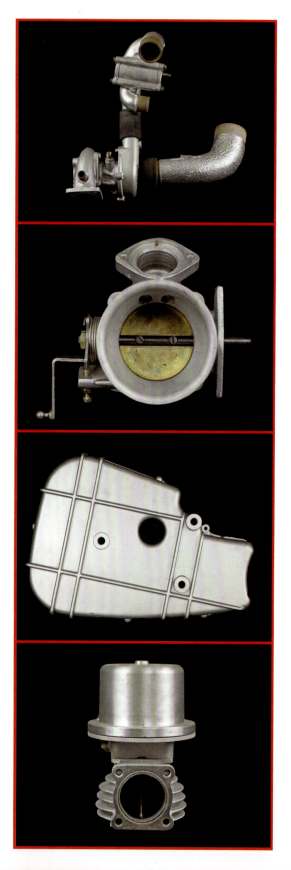

← 两台 IHI 涡轮增压器之一，顶部歧管为中间的冷却器提供增压空气。

← 两个节气门体组件其中的一个，显示节气门蝶形阀和操纵装置。

作为法拉利历史上最光辉的三个字母，GTO 创造了一个传奇，在可能是有史以来最具标志性的法拉利——250 GTO 之后 22 年再次出现在一辆法拉利公路跑车上。Grand Turismo Omologato 首字母缩写（GTO）只被允许用于非常特殊的车型，而提到 GTO，通常代表的 288 GTO 足够特殊。构思完成这辆车的设计初衷是为了参加"New Group B"规则的比赛，然而总共制造的 277 辆汽车从来没能将"愤怒"的车轮驰骋于赛道，由于赛事规则的原因导致参赛车辆不足，这一系列赛事被迫中止。

正如法拉利的历史惯例，GTO 的 2855.08 毫升 V8 双涡轮增压发动机的诞生，同样源于赛场上对速度的需求。以搭载于 1983 赛季 Lancia LC2 运动原型车上的法拉利发动机的设计为基础，这款发动机最初是为参加比赛而诞生的。其排气量的确定则是基于 FIA 对 Group B 规则中要求的涡轮增压发动机排量的 1.4 倍。因此 GTO 的理论发动机排量为 3997 毫升，略低于 Group B 规则 4.0 升的限制。Group B 要求获准参赛的车辆不得少于 200 辆。如前所述，F114 B 型发动机的诞生，是为了生产出一台极具潜力的竞赛发动机而进行研发的成果，其重点在于力求获得最大的功率。

尽管最初的设想是作为一个竞赛车型，但 GTO 从未出现在赛场上，生产的 272 辆汽车始终维持纯粹的公路跑车用途，然而其自诞生起立即成为第一台出产即被纳入收藏特别版本的法拉利，甚至可以说是诞生了一款超级跑车，后来的 F40、F50、Enzo、LaFerrari 以及 LaFerrari Aperta 都得益于 288 GTO 的盛名。法拉利公司于 1984 年

← 其中一个铸铝正时盖，用于为正时带提供保护。

← 单排气阀门可调节从此排入涡轮的气流压力。

的日内瓦车展上推出了这款非凡的 GTO，这让法拉利的客户和爱好者惊叹万分，以至于计划生产的 200 辆车几乎瞬间被销售一空。GTO 是当时世界上存在的最快的公路跑车，其最高车速突破 300 千米/时（准确地说达到了 304 千米/时），且 0—100 千米/时加速时间仅需 4.9 秒。

在 20 世纪 80 年代初，恩佐·法拉利觉得马拉内罗生产的公路跑车在性能方面已经变得有些不太令人满意，因为诸如宝马等竞争对手制造了如 M3 那样的高速汽车，性能相当于 308 GTB，但价格明显更低。应该指出的是，此时的法拉利正处于化油器向机械喷射过渡的阶段，要满足越来越严格的排放标准，这就导致在做出相应妥协的同时降低了他们的发动机输出功率。这也是在 1983 年，工程师尼古拉·马特拉齐（Nicola Materazzi）被任命设计一款涡轮增压发动机的原因之一，这种发动机需要比法拉利当时在造的所有发动机输出更大的动力。马拉内罗当时正在设计一款约 246 千瓦的涡轮增压发动机，当马特拉齐与恩佐·法拉利

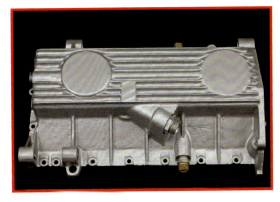

↑ 铸造合金的干式油底壳盘布局紧凑，并配有一个回油泵。

讨论这个项目时，马特拉齐说这个发动机至少可以产生 298 千瓦的功率。恩佐·法拉利立即对马特拉齐说："好吧，马上把这个发动机造出来！"通常法拉利的项目都出自量产车或赛车部这两个设计室，但对于这个 GTO 项目却出自此外的第三个小设计部门，在这里马特拉齐设计出了 2.8 升双

↓ 装有气缸盖的缸体。注意通过气缸盖的孔可以看到 16 个气门挺柱（包括 8 个进气口和 8 个排气口）。

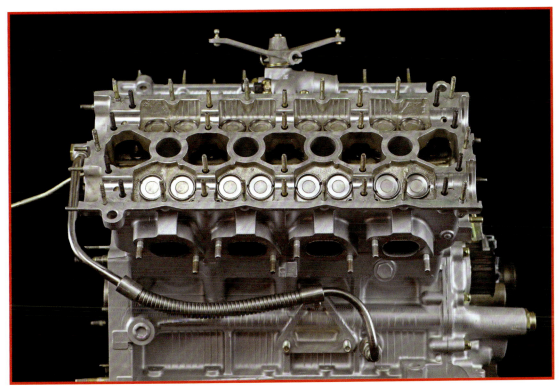

GTO（288） 双涡轮增压超级跑车（1984）

涡轮增压发动机,之后由法拉利的技术人员将其制造成功。随后,恩佐·法拉利将尼古拉·马特拉齐晋升为技术生产中心的负责人,不仅是发动机设计,马特拉齐也全面负责了GTO的整体技术开发工作。

GTO与308 GTB发动机安装方式的主要区别在于GTO采用了纵向安装,而不是308 GTB的横向安装。恩佐·法拉利非常赞赏GTO透过发动机舱盖直接可看见发动机这种细节的美感,并亲自称赞了马特拉齐,告诉他:"很明显你知道自己在做什么,并且以一种有序而精准的方式来完成。"在GTO之前,只有"公路跑车"250 LM采用了中置纵向的发动机布局,变速器安装在后轴后方,而中置横向发动机布局则被证实缺乏纵向布局所具备的对称性和平衡性。F114 B配备了两个Behr生产的大型中冷器,发动机在7000转/分时产生298千瓦的功率,在3800转/分时转矩为496牛·米。在日内瓦车展上原本计划生产的200辆车一经展出即被法拉利的狂热爱好者抢购一空,马拉内罗决定再生产72辆车,以满足法拉

利最重要的客户们的需求。除了量产的产品，他们还制造了四辆原型车，其中三辆用于碰撞测试，还有一辆由法拉利长期拥有直到最近被卖给了一位收藏家。GTO（288）从1984年生产至1986年初，底盘编号从52465至58345，使用当时公路跑车惯用的奇数序列号。尽管Group B赛事最终被取消，但很明显，即使没有赛道表现的机会，GTO车型也绝不会让法拉利的粉丝和客户们失望。

在造型方面，这款车出自宾尼法利纳的莱昂纳多·费奥拉万蒂（Leonardo Fioravanti）之手，沿袭了308 GTB（出自同一设计师之手）的韵味，但其内在气质却截然不同。虽然它明显遵循308 GTB的设计思路，却拥有更具侵略性的外观，并向传奇的250 GTO致以足够的敬意。和它的前身一样，它的特点是尾部有一个扰流板，且后翼子板的三个出风槽是通过精心设计的，使人联想到250 GTO前翼子板的一对出气槽。轴距为2451毫米，比308车型的2340毫米更长，以适应纵向放置的2.8升发动机。空气动力学方面，GTO是在风洞中改进的。底盘结构是由法拉利的传统钢管搭建的，框架承载发动机和变速器。大部分的车身面板都是由复合材料制成的，包括蜂窝状和模制玻璃纤维，发动机舱盖采用凯夫拉纤维，车顶则由凯夫拉纤维和碳纤维混合制成。这些材料直接来源于法拉利使用在F1赛车中的部分。GTO的前舱盖是凯夫拉蜂窝状纤维材料，重量只有3千克！这些材料的使用在保持强度的同时对减轻重量方面有显著的贡献。为了容纳更宽的车轮，就必须延伸轮拱，同时也为这款超级跑车形成了非常具有侵略性的外观。为了给双涡轮增压发动机输送足够的气流，车身上设置了多处进气和出气口，包括前舱盖上为散热而设计的百叶窗、后轮和帆状立板前的进气口为发动机舱和后制动器提供气流，以及大量的百叶窗式排气罩令发动机舱可以直接散热。另一个独特的特点是一对"潜望镜"式的后视镜，可以清晰地看到后方，镜子被安装在高高的A柱上，以形成车轮拱处简洁的大圆弧形线条，与后方特征性的扰流板线条相交汇。前翼子板上的珐琅制跃马标志，彰显了这辆车与法拉利赛车的联系。出人意料的是，GTO公路跑车的内饰并不非常"斯巴达式"（简洁朴素），其座椅或采用全黑皮革的软质座椅，或用外边黑皮革配合中心橙色布料，包

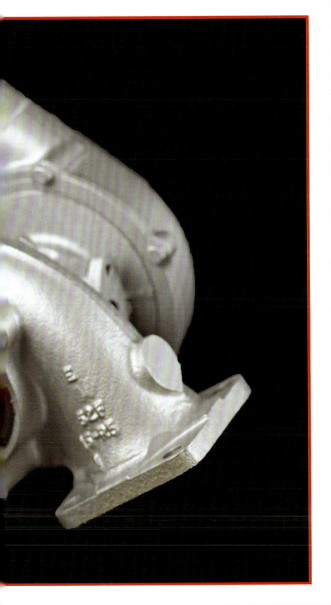

← 法拉利的首款双涡轮增压发动机，488 Pista上安装的3.9升双涡轮增压V8发动机获得了2018年度的发动机大奖。

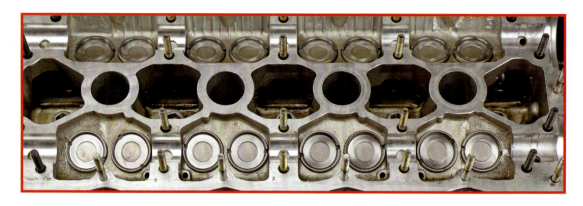

裹凯夫拉纤维边框的凹背座椅（风格类似于365 GTB4 Daytona），可选配空调、电动车窗、AM/FM收音机。仪表板上有一个速度表、一个最高刻度为10000转/分的转速表、一个涡轮增压表，以及油温表、压力表和冷却液温度表。

F114 B配备两个IHI涡轮增压器，转速最高可达180000转/分，并通过两个Behr大型中冷器提供0.8巴的增压压力。与那个时期的许多早期涡轮增压汽车一样，涡轮滞后效应是相当大的，要控制这种298千瓦的"怪兽"绝对是一个挑战，可迸发整整104千瓦/升的升功率！为了突出V8

↑ 一个气缸盖顶部的特写展示了16个桶式气门挺柱，由凸轮凸角直接操作。凸轮轴轴承被直接加工成可嵌入缸盖的样式。

→ 红色的进气歧管和集气室类似于两个肺，并向气缸提供混合气体。喷油器安装在集气室下方的外壳中。

↓ 288 GTO配备了两个大型中冷器，用来冷却经过涡轮增压器的压缩空气。

的运动精神，进气歧管和凸轮轴盖涂有红色的裂纹漆。F114 B型发动机的缸径和行程为80毫米×71毫米。

纵向发动机布局需要一个新的来源于赛车的

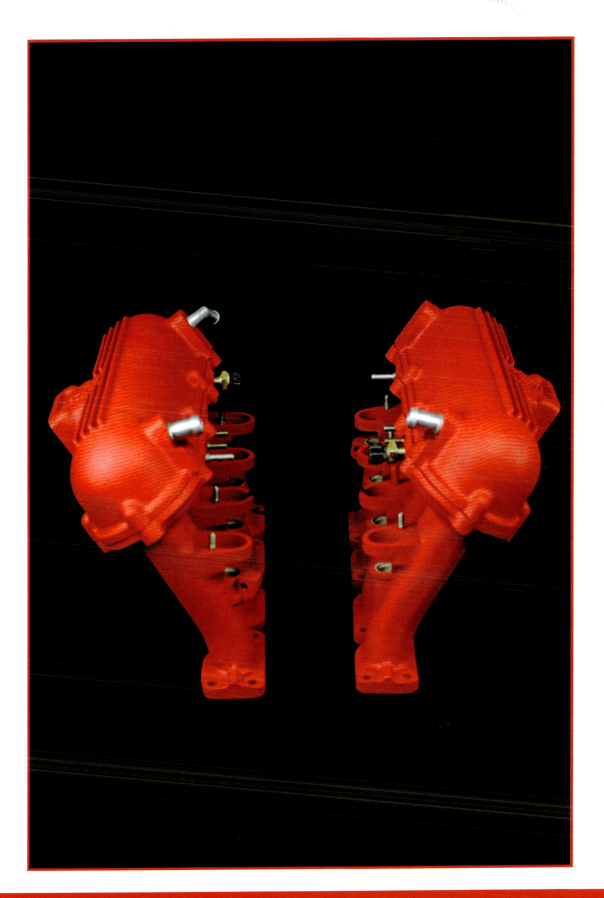

↑ 发动机尾部的视图，展示从机油滤清器安装点位到油底壳的油路（前景处）。

法拉利 GTO（288）- 技术数据

发动机代码	F114 B
发动机类型	纵向后置，90 度夹角，V8
缸径×行程	80 毫米 ×71 毫米
总容量	2855.08 毫升
单缸容量	356.88 毫升
压缩比	7.6 : 1
最大功率	294 千瓦 /（7000 转 / 分）
升功率	103 千瓦 / 升
气门配置	每气缸列双顶置凸轮轴，每气缸四气门
燃油供给	韦伯 Marelli 电子喷射，双 IHI 涡轮增压
点火	韦伯 Marelli JAW 电子点火，每气缸单火花塞
润滑系统	干式油底壳
离合器	博格 & 贝克（Borg & Beck）制造的干式双片
最大转矩	496 牛·米 /（3800 转 / 分）
点火顺序	1-5-3-7-4-8-2-6

变速器来匹配。变速器位于汽车的后部，纵向安装到差速器的尾部，外壳后盖板上的法拉利标识字样作为最后的润色。考虑到这款车型最初是为了参赛而设计，其齿轮位置设计得非常便于调整，因为齿轮比会定期更改以适应不同的比赛环境。为了应对高功率发动机，采用了由博格 & 贝克公司（Borg & Beck）制造的干式双片液压操作离合器。

气缸体、缸盖、活塞、正时盖、凸轮轴盖、油底壳、变速器壳体等均采用轻合金制造。它的特点是每个气缸四气门，润滑通过干式油底壳完成，储油罐的位置位于发动机舱的右侧，左侧位置是容量为 120 升油箱的加油口。锻造钢制的双顶置凸轮轴通过挺柱直接操纵气门，通过配有张紧器的正时带驱动轮从曲轴传动至凸轮轴。平面曲轴有四个曲轴销，每个曲轴销上连接两个成对的钢制连杆。三年后，同样的曲轴被用于 F40 的发动机。由 F1 赛车衍生出的韦伯 Marelli IAW 电子喷射系统控制的燃料供应和电子点火装置首次使用在法拉利公

↑ 安装在发动机的前部,在气缸盖之间的水泵和恒温器的合金外壳。

↗ Sanden 制造的空调压缩机,空调是 288 GTO 的一个选装配置。

→ 两个分电器盖中的一个,带有高压引线。分电器由进气凸轮轴的后部驱动。

↘ 全新的进气歧管垫圈安装在一个气缸盖上的固定螺栓上。

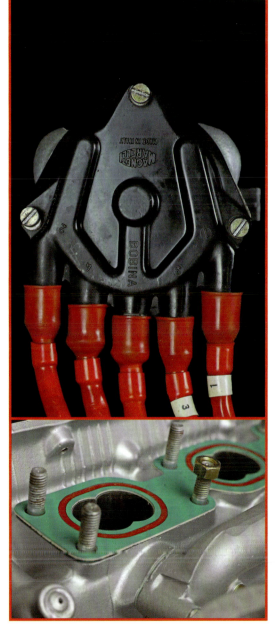

路跑车上。当相应的气门打开时,该系统会发出喷射和点火的指令。传感器为控制单元提供诸如发动机温度、节气门位置和发动机转速之类的信息,以计算各种运作条件下发动机所需的最佳配比的混合气体。燃油喷射系统为间接喷射,燃油将喷射到气门前方的进气道中。

马特拉齐后来把精力集中在开发 GTO 的 F114 B 发动机的潜力上,成功研发出 Evoluzione 版本,进一步提升了发动机功率。Group B 的规定曾经将 V8 发动机的排量限制在 2885 毫升,所以马特拉齐将压缩比从 7.6∶1 提高到 7.8∶1,安装了更大的涡轮,并将增压压力从 0.8 巴大幅提高到 1.4 巴。这种新发动机被称为 F114 CR,R 代表赛车(Racing),可以输出 395 千瓦。在开发了 CR 发动机之后,马拉内罗的工程师们对 F114 发动机进行了更极致的改进。得益于直径更大的 IHI 涡轮增压器和新的进气歧管,还有升级后的喷射、点火系统,以及更先进的凸轮轴,功率飙

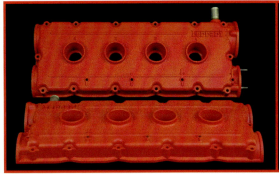 

↑ 凸轮轴盖表面涂有红色的裂纹漆。中央安装火花塞的孔清晰可见。

↗ IHI 是日本重工业公司 Ishikawajima-Harima Heavy Industries 的缩写，该公司也生产汽车涡轮增压器。

↓ 288 GTO 2.8 升 V8 发动机使用的渗氮钢平面曲轴与后来 2.9 升法拉利 F40 发动机使用的部件相同。

升至 7800 转／分时的 485 千瓦。这就是出现在 1985 年的 F114 CK 发动机。

马特拉齐还参加了在帕多瓦（Padova）著名的米开朗托（Michelotto）工作室的工作，该工作室为来自马拉内罗的定制赛车生产发动机和特殊的车身零件。这款 F114 CK 发动机只生产了五台，其中一台被用于一款原型车，采用了轻型凯夫拉纤维和复合材料车身，重量仅为 940 千克。

尽管极端的 GTO Evoluzione 从未像恩佐·法拉利所希望的那样被使用，但这项研发投入的工作并不是徒劳的，因为它导致了法拉利"回归公路跑

车原本的样子",即卓越的 F40 的问世。1987 年,恩佐·法拉利推出了这款车,这是他在次年去世前亲眼见到的最后一款公路跑车,命名为 F40 以纪念法拉利公司 40 周年。它配备了一个基于 GTO 发展出的双涡轮增压 2936 毫升的 V8 发动机,可以产生 356 千瓦的功率。与 GTO 一样,它拥有一个中置纵向发动机,变速器位于发动机后方。原本计划只生产 400 辆,但是由于巨大的市场需求,最终生产了 1311 辆。法拉利制造超级限量跑车的理念才刚刚开始,随后的这些汽车在某种程度上都要归功于 GTO(288)。

◤ 发动机前端的特写近照,正时盖被拆除,展示曲轴末端的曲轴销和上方黑色的正时从动链轮。

↑ 被拆下的带有内摩擦盘的双盘离合器总成,展示了外摩擦盘和压力盘。

↓ 法拉利的标志被铸造在变速器外壳的末端,发动机、变速器被安装到汽车上以后此标志依然可见。

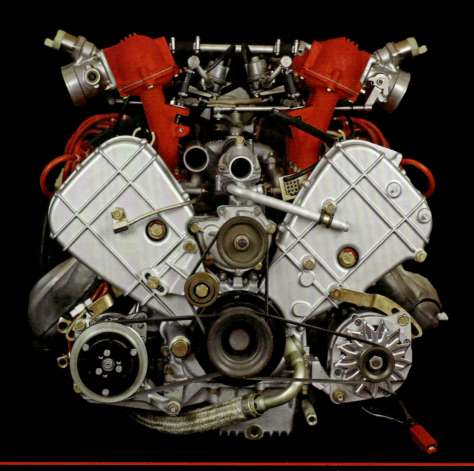

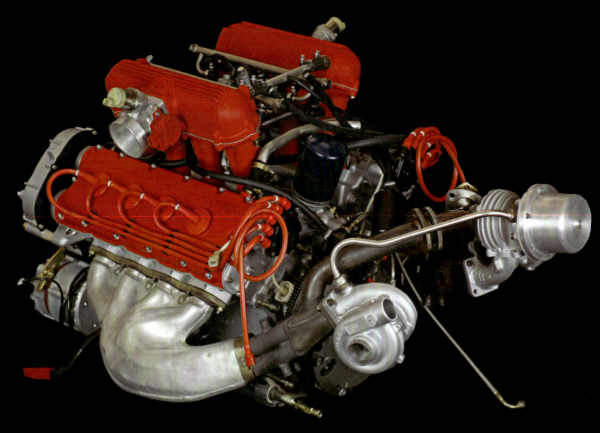

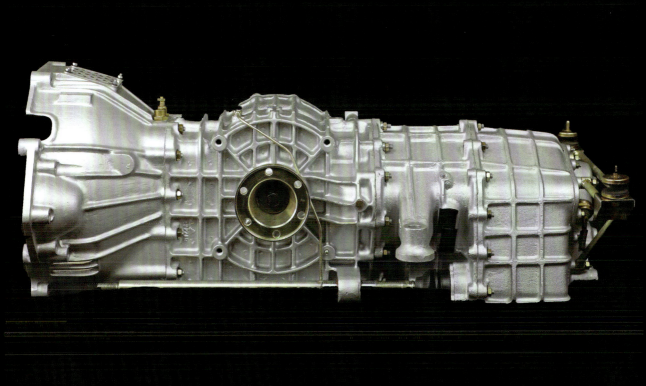

GTO（288） 双涡轮增压超级跑车（1984）

↑ 因为所有的汽车都在生产开始前就被售出，为了满足客户的需求，原计划生产200辆的产量最后被提高到272辆。

↑ 从这张整车后视图可以看到纵向安装于发动机后部的变速器，这种配置可以优化重量分配。

➡ 凸出的前、后轮拱得以容纳更宽的对开式轮和轮胎，比安装在 308 GTB 车型的更宽大。注意：后视镜是安装在车门上的。

↘ 成对的行车灯安装在散热器格栅的末端，位于车头扰流板上制动冷却口的上方。

↘↘ GTO（Gran Turismo Omologato）的名字沿袭了 1962 年和 1964 年法拉利传奇的 250 GTO 车型。

↘↘↘ 两侧后翼子板各有三个"鳃"，允许热空气从发动机舱排出，并为这一车型增添了攻击性气质。

↓ 宾尼法利纳对之前大家熟知的 308 GTB 进行了一次大胆的诠释。

GTO（288） 双涡轮增压超级跑车（1984）

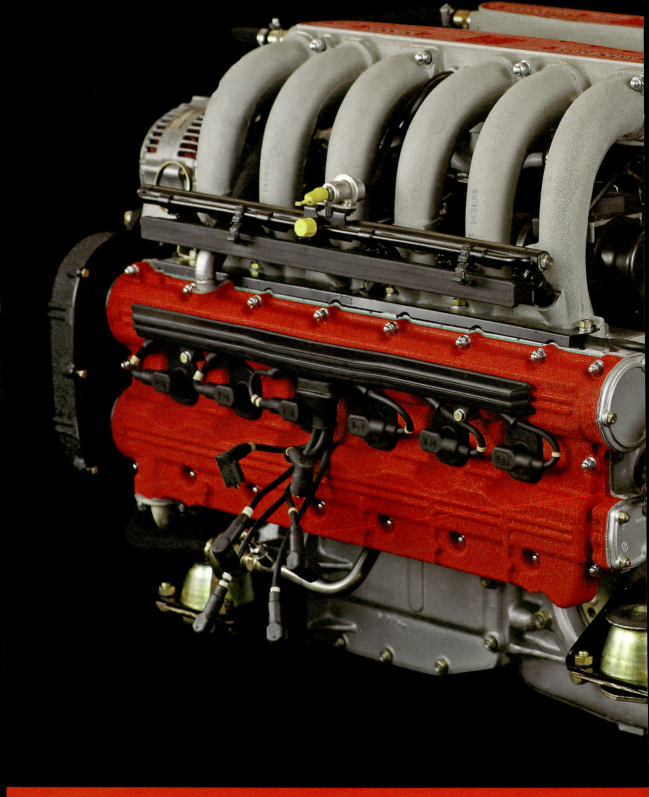

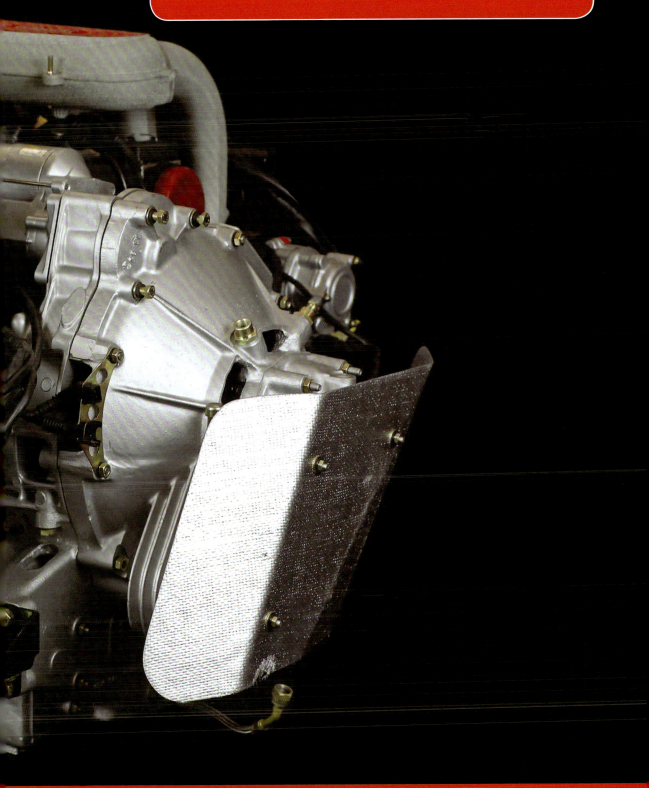

512 TR
水平12缸时代的结束（1992）

◀ 12个活塞中的一个，这些轻量锻造的合金活塞具有浅裙边的特点，图中所示的活塞未安装活塞环。

◀ 法拉利的名称（连同"Testarossa"字样）被铸造到集气室上，而不是在凸轮轴盖上。

气缸夹角为180度的V12发动机，在1970—1980年的10年里被马拉内罗用于征战F1赛场，但这款发动机在公路跑车领域则更加长寿。继第一款Boxer公路跑车——1971年的365 GT4 BB问世后，法拉利继续研发水平12缸发动机，并持续在公路跑车上使用长达25年之久，随着技术不断进步，发动机性能也不断提高。这款发动机的最后一个升级版本是在1992年洛杉矶车展上发布的（它的前身则是1984年的Testarossa，那是一款巨大的法拉利跑车，因其宽大的车身和低矮的底盘而令人印象深刻）。这款车以512 TR（Testa Rossa）的名称亮相于洛杉矶，搭载中置纵向180度气缸夹角的5.0升V12发动机，发动机代码F113 D，可在6750转/分时产生315千瓦的功率。

Testarossa在法拉利的历史中几乎是一个神话般的名字，它起源于1956年的500 TR（Testa Rossa）运动赛车，以及它的后继车型——在1957年被250 TR所取代的500 TRC。500 TR是一款漂亮的敞篷车型，车身由斯卡列蒂（Scaglietti）设计，最初的用途是为了击败捷豹D型和玛莎拉蒂A6GCS而制造的"客户车"（专供个人或私人车队使用的竞赛车）。而500 TRC是为了迎合1957年C组的新规定而研发出来的，因此有了字母"C"作为后缀。在20世纪50年代末和60年代初，250 TR继续统治着跑车比赛。这两款车的名字Testa Rossa都来源于它们涂成红色的凸轮轴盖。500 TR由兰普蕾蒂设计的直列四缸发动机提供动力，250 TR则采用了基于克罗

◤ 锻钢连杆采用水平分离的大端，轴承盖由螺杆销和螺母固定。

◀ 一段进气歧管的特写照片，显示进气道以及上方的燃油喷射器外壳。

布短缸体设计的 V12 发动机。

在 1984 年的巴黎车展上，法拉利推出了一款由宾尼法利纳（Pininfarina）设计的全新顶级 GT 轿车。它的外形很有创意，几乎是挑衅并带有侵略性的设计风格，仿佛在对其他跑车制造商（尤其是兰博基尼）宣告："我们来了！这是我们的武器。"应该强调的是 Testarossa 从一开始即被设计成"世界车"，也就是说，它符合世界范围内尾气排放和碰撞试验的标准，这一点对庞大且利润丰厚的美国市场尤为重要，而先前的数款 Boxer 车型因没有这方面的优势而销售不佳。Testarossa 是由中置纵向 180 度气缸夹角的 12 缸发动机提供动力，发动机代码 F113，排量为 4943 毫升，与其 113 家族的 12 缸 Boxer 发动机相同，这台法拉利第一款水平 12 缸民用车发动机装配在 365 GT4 BB 上。

1984 年，恩佐·法拉利决定将新款 Berlinetta 车型命名为 Testarossa，随后的法拉利市场部决定将换代车型命名为 512 TR，因为这款车型是从 1984 年的 Testarossa 演变来的。这一系列车型的命名时至今日仍然存在争议，因为这两款公路跑

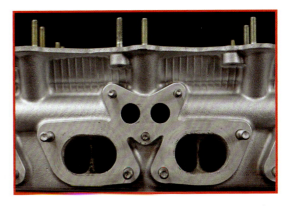

↑ 每个气缸盖上成对的排气口和一体的二次进气口（废气排放控制系统的一部分）。

车都与受人尊敬的竞赛车型 Testa Rossa 没有任何关系。可以说，公路跑车 Testarossa 和竞赛车型 Testa Rossa 在机械和美学等方面都是背道而驰的。当时，也有可能是法拉利是在用曾受人尊敬的赛车的名字来赞扬他们目前生产的公路跑车，因为在 1980 年，他们用 Mondial 的名字命名了马拉内罗的新 V8 2+2 车型，这款车型取代了 Dino 308 GT4。

↓ 气缸盖燃烧室内部的视图，展示了燃烧室中心的气门和螺纹火花塞孔的位置。

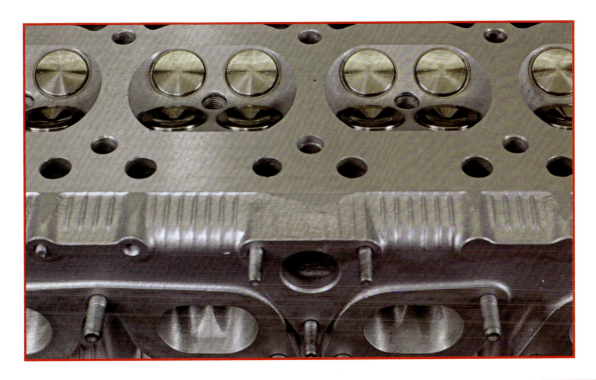

从最初的 500 TR 开始的 36 年之后，法拉利在 1992 年推出了 512 TR，延续了 1984 年 Testarossa 大型双门跑车的造车理念，而此时新车搭载了一台更为强大的 113 型 180 度气缸夹角的 12 缸发动机。这款车的设计初衷是与兰博基尼新款 5.7 升 Diablo 一争高下，因为后者吸引了众多媒体和公众的眼球。

512 TR 的发动机代号为 F113 D，几乎完全由轻质合金制造，与它在 Testarossa 上使用的前身相比进行了重大改进，包括新的浅裙边活塞和改进的曲轴。这款 113 D 发动机的总排量为 4943.04 毫升（与 1984 年的 Testarossa 相同），单缸排量为 411.92 毫升，缸径和行程分别为 82 毫米和 78 毫升。它使用了镍硅碳化物涂层的气缸套，双顶凸轮轴的驱动是通过曲轴上的齿轮带动齿状传动带。与 F113 A 发动机一样，113 D 的特点是每个气缸有四个气门，通过筒式挺柱直接由钢制凸轮轴（凸轮外形做了改进）驱动，并对进气道进行了改进，以提高空气流量和效率。和 1984 年的 Testarossa 一样，512 TR 采用了双后置散热器，而不是更常见的前置散热器。这导致了汽车侧面突出的侧边成为这一系列车型的一个主要特征，因为需要为这些散热器提供冷却的空气。燃料供应和点火是通过博世 Motronic ME 2.7 电子喷射系统进行的（相同的系统在 456 GT 车型上安装的早期型 116 型发动机上也使用过）。发动机点火顺序是

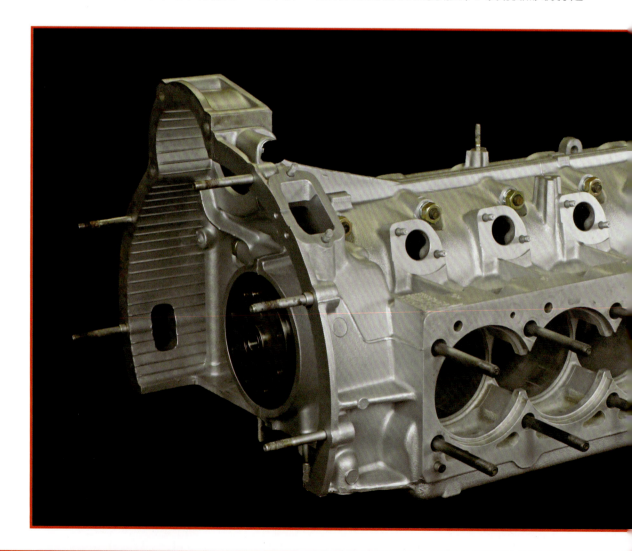

1-9-5-12-3-8-6-10-2-7-4-11。其润滑是通过干式油底壳进行的。F113 D 的压缩比增加到 10∶1（而 Testarossa 的压缩比为 9.3∶1）。离合器为干式单片结构，但 512 TR 上使用的是改良后的变速器，可提供更加平滑的换档，并提高了可靠性。5.0 升水平 12 缸发动机的升功率为 64 千瓦/升，高于 Testarossa 的 58 千瓦/升。这些改进立即在发动机的总体性能上得到了明显的体现，最大功率提高了 28 千瓦，在 6750 转/分时的输出功率提高到 315 千瓦，在 5500 转/分时的转矩略微提高到 491 牛·米。所有这些使得最高车速达到了惊人的 314 千米/时，0—100 千米/时加速仅需 4.8 秒！

发动机采用中置布局，位于前后轴之间，这种良好的重量分布提供了最佳的稳定性和操控性，前部重量分配为 41%，后部重量分配为 59%。

法拉利还对悬架进行了改进，每组悬架都采用双充气减振器，同时安装了大尺寸钻孔制动盘——前制动盘直径为 315 毫米，后制动盘直径为 310 毫米。

与 Testarossa 相比，新车型的车身进行了修改和改进，车鼻和发动机舱盖的造型也进行了修改。与 Testarossa 相比，512 TR 的车身短了 5 毫米，但高了 5 毫米，车头宽了 14 毫米，车尾窄了 16 毫米。车轮尺寸从 16 英寸变为 18 英寸，轮胎尺寸也发生了变化（前轮为 235/40 ZR 18，后轮为 295/35 ZR 18），这使车辆的总高度发生了改变。由于前舱盖和发动机舱盖都采用了较轻的材料，512 TR 的重量从 Testarossa 的 1506 千克下降到 1473 千克。

Testarossa 和 512 TR 最突出的造型特征之一是侧进气口，也被称为"奶酪切割机"或"鸡蛋切片器"，它从门板一直延伸到后翼子板。这两款车型的另一个不同寻常的特点是，它们的尾灯布置不同于法拉利的"标准"圆形布局，矩形的尾灯组被隐藏在与车身同宽的黑色装饰格栅之后。512 TR 的内饰经过重新设计，配备全新升级，驾驶控制区的功能更强，以及全新的方向盘（带气囊）和重新设计的真皮座椅。

Testarossa、512 TR、F512 M 系列在 1984 年到 1996 年间推出了 4 个不同的版本，大约制造了 10000 辆，其中 7177 辆 Testarossa（用单螺母固定车轮、一个后视镜的第一系列和 5 螺栓轮毂、双后视镜的第二系列）、2261 辆 512 TR、501 辆 F512 M，最后的改款车型 F512 M 的生产周期为 1994—1996 年。在这些大批量的车辆中，有一辆

◀ 完整的气缸体（左右两半用螺栓固定在一起）和曲轴，但没有安装气缸套。

是受菲亚特总裁詹妮·阿涅利（Gianni Agnelli）委托，为了纪念菲亚特成为跨国公司20周年而打造的特制敞篷车。阿涅利的这辆车采用银色车身，车身底部带有蓝色条纹，以及蓝色皮革内饰。

这辆车于2016年在拍卖会上，以1210080欧元的价格出售！它还在2017年9月的马拉内罗/菲奥拉诺举行的法拉利70周年庆祝活动中获得了最佳街头汽车奖（Best of Show Street Car prize）。随后，该车于2017年11月至2018年4月，在伦敦设计博物馆的"Ferrari Under the Skin"展览上展出。宾尼法利纳还制造了另外一辆敞篷车型，据说是由奥利维尔·根德宾（Olivier Gendebien）委托的，他于1958年在勒芒赢得了比赛的胜利，驾驶的是"真正的"Testa Rossa，一辆250 TR。他定制的这辆车于1989年生产，车身采用黑色的金属漆，拥有黑色可折叠的车顶

◤ 绝大部分的发动机部件和外壳，包括冷却液弯头都是由轻合金铸造而成。
↑ 气缸体后部的视图显示了曲轴上的飞轮安装法兰。
→ 其中一个气缸盖顶部的视图显示气门安装就位，但凸轮轴已被拆除。
↙ 一个采用镍硅碳化物涂层的气缸套。
↓ 一组进气歧管和集气室。请注意集气室顶部的"Ferrari"和"testarossa"字样。

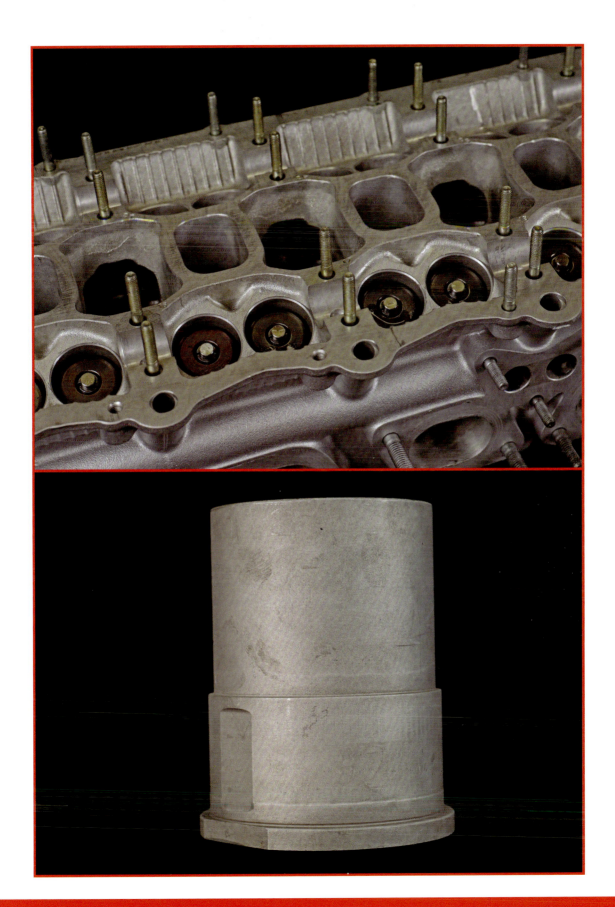

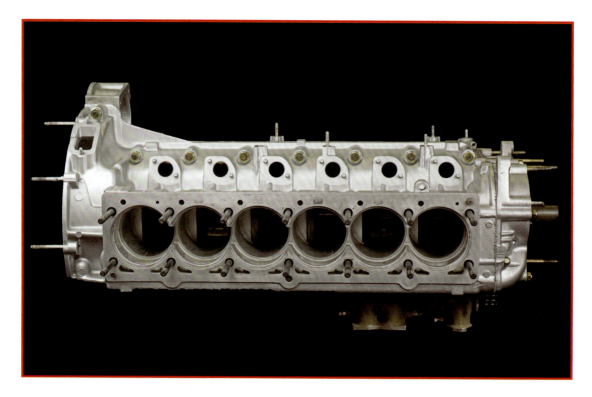

↑ 每个气缸盖上，成对的排气口和一体的二次进气口（废气排放控制系统的一部分）。

法拉利 512 TR – 技术数据

发动机代码	F113 D
发动机类型	中置纵向，180 度夹角，V12
缸径 × 行程	82 毫米 × 78 毫米
总容量	4943.04 毫升
单缸容量	411.92 毫升
压缩比	10 : 1
最大功率	315 千瓦 /（6750 转 / 分）
升功率	64 千瓦 / 升
气门配置	每气缸列双顶置凸轮轴，每缸四气门
燃油供给	博世 Motronic M2.7 电子喷射
点火	博世 Motronic M2.7 点火系统
润滑系统	干式油底壳
离合器	干式单片
最大转矩	491 牛·米 /（5500 转 / 分）
点火顺序	1-9-5-12-3-8-6-10-2-7-4-11

和红色的内饰。它曾经出现在意大利汽车杂志《汽车之都》（Auto Capital）上。宾尼法利纳还为文莱王室制造了 10 辆不同颜色的 Testarossa 敞篷车。

另有两辆车为 Testarossas 在美国市场的成功推广做出了贡献。它们是马拉内罗送给好莱坞的著名电视剧《迈阿密风云》剧组的。环球影业在第一季中使用的那辆 365 GTS4 是由一辆克尔维特 C3 改造而成的，马拉内罗对于这一做法并不赞同。为了解决这个问题，法拉利建议影片中那辆假的"Daytona spider"以一个"灾难性"的结局收场，之后由 Testarossas 取代。 最初，提供的汽车是黑色的，但为了使车辆更适合夜间拍摄，它们被重新喷涂成白色。

如前所述，Testarossa 的最终发展型，以及法拉利最后一款使用中置纵向水平 12 缸发动机的公路跑车，是在 1994 年巴黎车展上亮相的 F512 M。Ferrari 去掉了"TR"后缀，添加代表 Modificata（Modified）的"M"。F 则代表"法

↑ 一个喷了红色油漆的凸轮轴盖的视图，凸轮轴盖中间为火花塞孔。

↗ 其中一个合金铸造的正时齿轮盖，带有细长的孔，以容纳正时带张紧器。

→ 铸铁进气歧管安装在气缸盖和集气室之间。

↓ 安装在发动机前部的电装（Nippondenso）制造的交流发电机由曲轴通过传动带驱动。

512 TR　水平 12 缸时代的结束（1992）

拉利"。在此期间，有几款车型遵循了此命名规则（例如F355）。新车型所使用的发动机的代码为113 G，F512 M的特点是大幅度改良的重量分配：前轴42%、后轴58%。这款Berlinetta的发动机在6750转/分时产生324千瓦的动力，比之前的512 TR多输出9千瓦。其压缩比增加到10.4∶1，并采用了新的轻型曲轴和钛合金连杆。在经历了23年的商业成功后，这是法拉利水平12缸公路跑车故事的最后一章。在此期间（实际上从1992年开始，随着456 GT 2+2的推出），马拉内罗工厂拥有了新的65度气缸夹角的V12发动机，最初以前置纵向安装，然后安装在中置布局的F50和Enzo上，而结合了混动技术后，又将其安装在LaFerrari和LaFerrari Aperta上。有了这些新的机械布局，我们可以展望到法拉利未来的技术路线将是一片光明的。

↑ 12个锻造合金活塞和钢制连杆排成一个令人印象深刻的阵容。

→ 一台组装完毕的发动机的俯视图，正前方的集气室和进气歧管非常显眼，空调压缩机（左下）、交流发电机（右下）和起动机（顶部，集气室之间）同样清晰可见。

↓ 一个气缸盖的视图，显示排气口和凸轮轴盖（顶部）的螺柱。

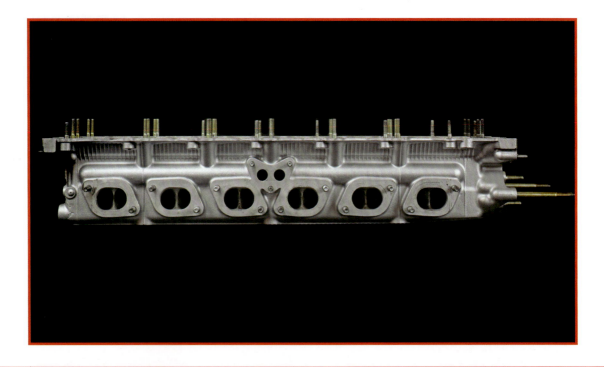

512 TR 水平 12 缸时代的结束（1992）

↑ 512 TR 和 Testarossa 的车头非常相似。之后的 512 M 安装有一个有机玻璃覆盖的前照灯。

↑ 从这个角度观察，这款车型拥有一个宽阔的尾部和后轮。

➡ 最突出的造型特征——侧进气口，也被称为"奶酪切割机"或"鸡蛋切片器"。

⬇ 五辐合金车轮，与带法拉利标志的轮毂盖，可以看到大尺寸制动盘。

⬇⬇ 不同于以往的法拉利，尾灯组隐藏在一个黑色装饰格栅之后。

⬇⬇⬇ 优雅的"双臂"式后视镜，出现在Testarossas的第二系列和随后的型号中。

⬇ 在侧视图中可以清晰观察到车身侧面的那些导流翼板，将冷空气导入安装在车身两侧的散热器中。

512 TR 水平12缸时代的结束（1992）

456 GT M
V12 发动机回归前置（1998）

← F116 是法拉利公路跑车使用的第一款气缸夹角为 65 度的发动机，而不是之前的 60 度。

← 发动机代码和"内部识别号"被铸压在缸体上。

1992 年马拉内罗生产的双顶凸轮轴 V12 发动机做出了革命性的改变，一个新的发动机系列 F116、F133 由此诞生。法拉利公路跑车发动机的气缸夹角从之前的 60 度变为 65 度。这是法拉利 V12 发动机故事重要的转折点，从那时起所有法拉利 V12 发动机一直保持这个样式直到现在。这个系列的第一台发动机是 116 B，纵向安装在由宾尼法利纳设计的 456 GT 2 + 2 的发动机舱内。这款全新的 5.5 升发动机使法拉利重新回归其历史性的车型命名规则，通过每个气缸的排量——456 毫升来命名这款双门轿跑车。116 B 是一款非常强大的发动机，在 6250 转 / 分时可以爆发出 325 千瓦的功率，并将庞大的 456 GT（车重大约 1790 千克）推向最高 300 千米 / 时的速度，这绝对配得上马拉内罗工厂的金字招牌。

456 GT 亮相的这一年正好是恩佐·法拉利与雅克·斯瓦特斯（Jacques Swaters）——比利时赛车手，后来成为法拉利的经销商——合作四十周年。1952 年雅克·斯瓦特斯创立了著名的 Ecurie Francorchamps 赛车队，这家车队一直和法拉利保持着密切的关系。因此，1992 年 9 月法拉利在布鲁塞尔 Cinquantenaire 公园（为了纪念比利时独立 50 周年而兴建）的晚宴上向众人展示了新车型 456 GT 2+2。一个月后，法拉利在巴黎车展上正式发布了这辆四座豪华轿跑车，同时发布了新的大排量发动机系列（这是当时法拉利生产的最大排量的发动机），其型号为 F116。随后又发布了安装在 550 Maranello 上的型号为 F133 的发动机。革命性的 F116（本章所示的发动机是 456 GT M 所安装的 F116 C，

↖ 轻合金制造的气缸盖的特点是每个气缸有四个气门，火花塞安装于中心位置。

← 缸体底部的视图，展示了轴承位置和主轴承盖螺柱。

↑ 其中一个气缸盖，带有两个凸轮轴（装有驱动齿轮）。

几乎与 116 B 相同）是一款全新的发动机，发动机总排量为 5473.92 毫升，有 48 个气门（每缸四个）。其缸径为 88 毫米，行程为 75 毫米，单缸排量为 456.16 毫升。缸体、缸盖、油底壳、正时盖和凸轮轴盖均采用轻合金制造。

渗氮钢曲轴由七个主轴承支撑，前端装有扭转减振器；用镍硅碳化物处理的合金气缸套，活塞采用轻合金制造，采用浅裙边以减轻重量；同时连杆使用了比之前更轻、更坚固的钛合金制造。干式单片离合器由法国瓦莱奥公司（Valeo）制造。发动机通过干式油底壳进行润滑，这样发动机可以更紧凑，使其能够安装在底盘较低的位置，并有助于避免在激烈驾驶时出现供油不足的情况。润滑系统包括双机油泵、双滤清器和与发动机散热器集成的机油冷却器。变速器与后桥是一体的，就像之前的法拉利公路跑车那样（275 GTB / GTS、330 GTC / GTS、365 GTC / GTS、365 GTB4 和 GTS4 Daytona）。

↓ 气缸体的视图，显示曲轴主轴承和起动机（左上角）的位置。

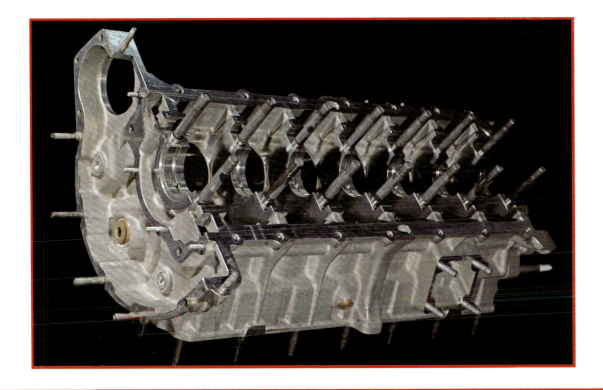

这是法拉利为公路跑车生产的第一款六档变速器。液压驱动的单片离合器安装在发动机飞轮上。从发动机到变速器是通过一根三轴承的传动轴进行的，传动轴装在一根钢管中，将发动机与传动轴刚性地连接起来。六档变速器采用双锥同步啮合，限滑差速器由 ZF 制造。变速器通过泵进行压力润滑，并安装有变速器油冷却器。凸轮轴由曲轴带动的齿轮通过两个同步带（每个气缸组一个）驱动，每个气缸列两个凸轮轴驱动每个气缸组的两个进气门和排气门。发动机采用直进气道，燃烧室具有较低的表面积/体积比，以提高进气效率。进气歧管在发动机 V 形夹角内交叉排列。该系列的第一款发动机代号为 F116 B，与 116 C 相同，采用了博世 Motronic ME 2.7 系统来控制喷油和点火，之后的 116 C 型发动机采用更新的博世 Motronic ME 5.2 系统。喷射系统为多点顺序喷射，发动机有两个点火线圈。两款发动机具有不同的点火顺序，F116 B 的点火顺序为 1-12-5-8-3-10-6-7-2-11-4-9。在 116 C 上，点火顺序更改为 1-7-5-11-3-9-6-12-2-8-4-10。116 型系列发动机配备了两个催化转换器，通过活性炭罐进行蒸发回收。调整排气歧管可以优化性能并控制发动机的声音。

456 GT 2 + 2 遵循了法拉利的传统，其大部分先进技术都源于 F1。在使用了多年 60 度和 180 度夹角的发动机后，法拉利的 F1 赛车 640 的发动机就是采用了 65 度气缸夹角，这是

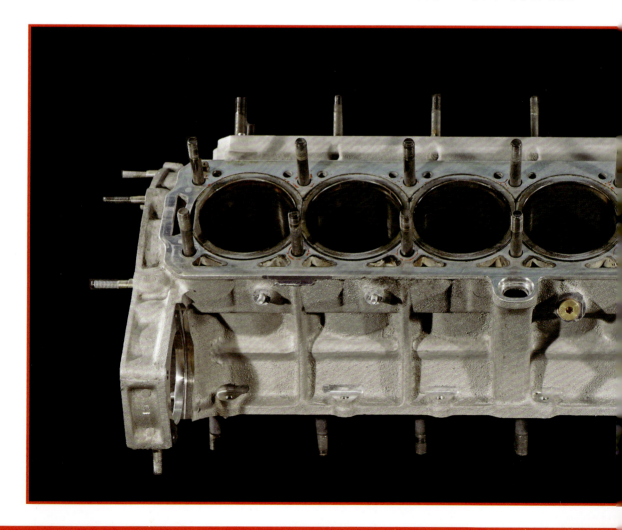

马拉内罗首款采用这种新配置的V12单座赛车。F116型和F133型发动机的所有创新在2000年得到认可，当时F133型发动机（安装在550 Maranello上的姐妹发动机）在国际发动机比赛中获得了"最佳4.0升以上"组冠军。将这款发动机安装在四座跑车上的决定遵循了恩佐·法拉利的理念——"赛车引导进化"，也就是说，法拉利在赛场上获得的宝贵经验可以应用到所有类型的法拉利跑车上。F1技术在456 GT 2/2上的另一个体现是，车身覆盖件和车门采用轻质合金制造，发动机舱盖采用复合材料（在456 GT M上使用了碳纤维材料）。铝车身采用Feran的"插页技术"点焊在钢管底盘上，克服了这两种材料无法正常衔接的问题。这一解决方案大大减少了这款大尺寸但平衡良好的四座轿跑车的重量。

456 GT取代了之前的412，该车型于1989年停产。与之前的四座车型相比，456 GT更加美观，具有美丽的空气动力学外形，由宾尼法利纳的皮特罗·卡马黛拉（Pietro Camardella）设计。卡马黛拉从365 GTB4 Daytona中获取了灵感，新款双门轿跑车采用长发动机舱和可伸缩式前照灯，后部采用双尾灯布置，这些都明显是受到了Daytona的启发。

这款流线型四座跑车是在洛伦佐·拉马奇奥蒂（Lorenzo Ramaciotti）的指导下开发的，它创造了法拉利最长生产时间的纪录——在它的两个系列中，456从1992年到2004年连续生产了12年！

该系列中的第一款车型456 GT配备了一个手动六档变速器和经典的法拉利变速杆面板。1996年，法拉利推出了GTA车型，这款车可选配自动四档变速器，旨在为美国市场提供更大的吸引力。在1998年之前生产的早期车型上，电动后扰流板安装在汽车的后下部，与保险杠集成在一起：其角度会根据汽车的速度而自动调节，随着速度的上升而增加下压力。在456系列的改进车型456 GT M上，法拉利放弃了这个电动装置，从1998年到2004年法拉利对456的机械构造、电气系统以及内饰均进行了改进。

第一系列底盘代码为F116 CL的456 GT的产量为1548辆，底盘代码为F116 CLA的456 GTA的产量为402辆。第二系列底盘代码F116 CL的456 M GT的产量为640辆，底盘代码F116 CLA的456 M GTA的产量为631辆。

法拉利F1车手迈克尔·舒马赫拥有一辆特

← 气缸体的俯视图，带有镍硅碳化物涂层的气缸套已安装到位。

456 GT M　V12发动机回归前置（1998）

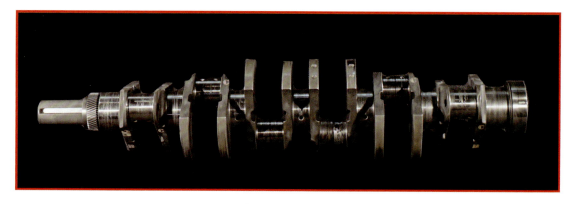

别的采用银色和深灰色双色涂装的 456 M GT。法拉利在 456 M GT 生产周期的最后一年，推出了一款安装斯卡列蒂套件的限量车型，这款车拥有和迈克尔·舒马赫那辆完全一样的双色车身和灰色皮革的内饰，并且每辆车还带有一个特制的铭牌用以表明限量版车型的身份。前面提到的产量是包括一些代号为"威尼斯"（Venice）的特殊车型，宾尼法利纳将其从普通双门轿车改造成了四门轿车、旅行车和敞篷车，这些车型专供文莱王室所用。

20 世纪 90 年代初，法拉利决定制造一款大排量、非常昂贵的公路跑车，虽然此时大环境对于豪华车来说是一段异常艰难的时期。但事实证明，这个决定是一个成功的策略，这种"舒适型"

↑ 渗氮钢制的曲轴，拥有七个主轴承和共用大端轴承轴颈。

→ 将一个气缸的组件摆成一副有趣的图案，从下至上分别是安装在活塞上的钛合金连杆、筒式挺柱和垫片、气门弹簧帽、气门和双气门弹簧。

↓ 气缸盖的视图，气门已经安装完毕，显示了较浅的燃烧室和每缸四个气门。

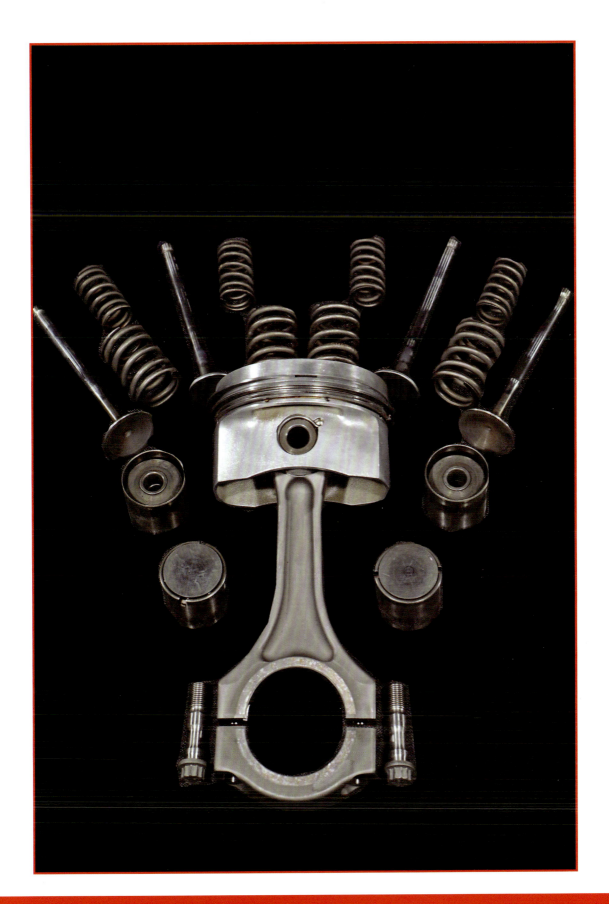

456 GT M V12 发动机回归前置（1998）

↑ 两个气缸盖，凸轮轴、凸轮轴链轮和正时带张紧器已经安装到位。

法拉利 456 GT M – 技术数据

发动机代码	F116 C
发动机类型	前置纵向，65 度夹角，V12
缸径×行程	88 毫米 × 75 毫米
总容量	5473.92 毫升
单缸容量	456.16 毫升
压缩比	10.6 : 1
最大功率	325 千瓦 /（6250 转 / 分）
升功率	59 千瓦 / 升
气门配置	每气缸列双顶置凸轮轴，每缸四气门
燃油供给	博世 Motronic 5.2 电子喷射
点火	博世 Motronic 5.2 点火系统
润滑系统	干式油底壳
离合器	干式单片
最大转矩	550 牛·米 /（4500 转 / 分）
点火顺序	1-7-5-11-3-9-6-12-2-8-4-10

法拉利的销售数字出乎所有人的意料。事实上，456 车型的总产量为 3252 辆！回顾历史，如果想了解这款 2+2 车型的起源，我们首先需要回到 20 世纪 60 年代，当时恩佐·法拉利决定生产一款真正的四座轿跑车（虽说 20 世纪 50 年代法拉利也生产过四座车型，但那些车型的后排座椅只适合小孩子），目的是扩大国际市场。250 GTE 2+2 是一辆大型法拉利（2600 毫米轴距），配备的 3.0 升发动机以 7000 转 / 分运转时可以产生 177 千瓦的动力，它配备四个舒适的真皮座椅。恩佐·法拉利自己也拥有一辆（车辆牌照为 MO 54083），用于从马拉内罗到他在摩德纳的家之间通勤。这辆法拉利的首款四座跑车的设计，旨在吸引那些更习惯于舒适的驾驶风格并希望得到一辆家庭车的消费者。32 年后，轴距同样为 2600 毫米，功率增加了 151 千瓦，借鉴了赛车经验和引入先进的新材料，马拉内罗推出了这款技术先进的四座车型。

↑ 瓦莱奥（Valeo）制造的离合器单片摩擦片。

↗ 飞轮外圈装有起动机环形齿轮和曲轴位置传感器齿轮。

→ 离合器压盘总成，展示膜片弹簧总成。

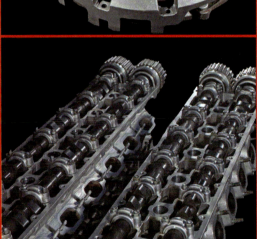

法拉利对中期改款车型 456 GT M（本文重点介绍的型号）进行了升级，结合新的防点头前悬架几何形状和重新调节的减振器等技术特性，改善了低速行驶表现。GT M 还采用了动态稳定

→ 两个紧邻的气缸盖，凸轮轴盖已拆除，展示了安装到位的凸轮轴。

↘ 其中一个节气门（这个节气门为关闭状态，每个气缸列配一个节气门），位于集气室上的节气门外壳内。

↓ 其中一个气缸盖内的特写视图，显示了凸轮轴凸角和凸轮轴轴承盖。

456 GT M V12 发动机回归前置（1998）

控制系统（ASR），它通过 ABS 和发动机节气门控制优化牵引力，有三种设置可供选择——正常（Normal）、运动（Sport）和关闭（Off）。

在 5.5 升 116 B 和 116 C 发动机之后，法拉利在 1995 年推出了大幅改良的 F133 型发动机，排量维持不变仍然为 5473.92 毫升，但发动机在 7000 转/分时的最大输出功率提高至 356 千瓦。

前置发动机的 456 车型体现了恩佐·法拉利的造车理念："马应该拉车而不是推车！"。法拉利新任总裁卢卡·迪·蒙特泽莫罗（Luca di Montezemolo）引入的新设计理念是，在保持

◤ 交错排列的进气歧管的近距离视图，每个歧管对应相应的气缸。

↑ 一套完整的双进气歧管总成，包括了节气门外壳和两侧的集气室。

→ 一个气缸盖从后向前看的视图，可以观察到凸轮轴和轴承盖。

↓ 一个气缸盖的底面视图，显示了 V12 发动机中的 6 个气缸，每个气缸 4 个气门的整齐排列令人印象深刻。

最佳性能的同时，生产出更舒适、更人性化的跑车。随着动力的不断增加，法拉利设计团队将面临挑战，但前置 V12 发动机车型的未来似乎还是安全的。

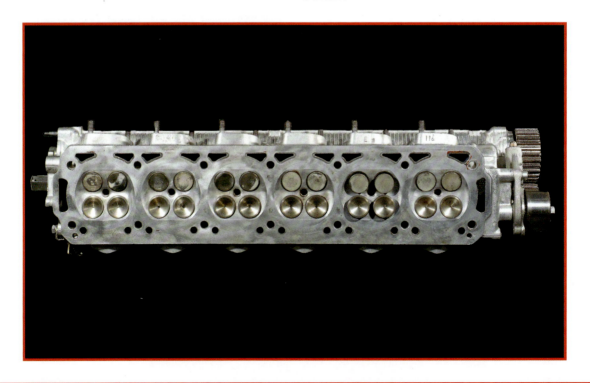

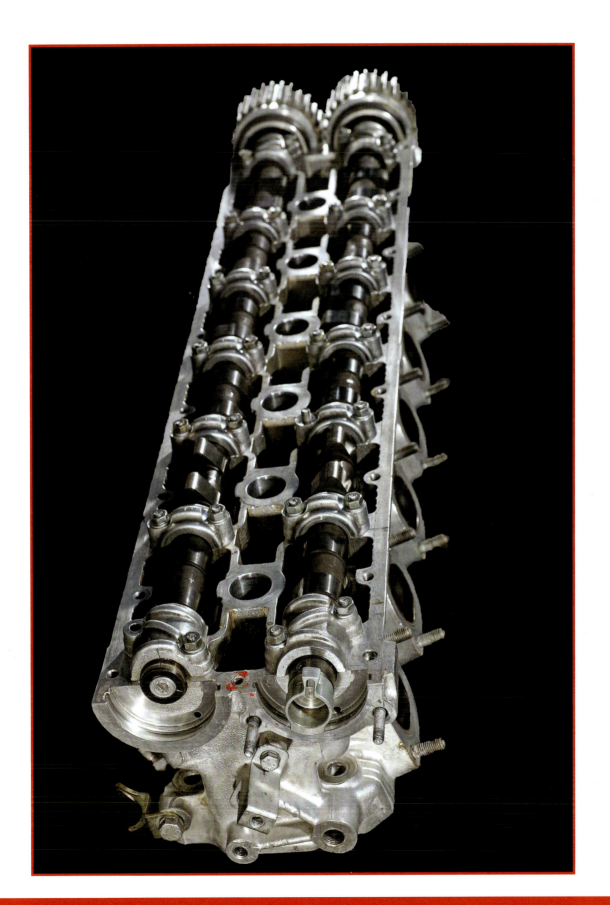

456 GT M　V12 发动机回归前置（1998）

↑ 456 GT M 的车身曲线柔美，可伸缩的前照灯增强了简洁的线条感。

↑ 每侧的两个圆形尾灯组合成一个灯组，和四个排气管出口交相呼应。

➜ 可伸缩的前照灯巧妙地安放在保险杠上方，雾灯则深陷在进气格栅中。

↘ 即使前照灯弹开，456 GT M 看起来依然时尚、美观。

↘↘ 法拉利经典的双尾灯布局在 456 车型演化为双尾灯组成的灯组。

↘↘↘ 沿着车门方向仿佛雕刻出的线条，完美地掩盖了前轮拱后部的大型出风口。

↘ Daytona 提供的造型设计灵感在这款前置发动机的 456 GT M 的侧视图中一览无余。

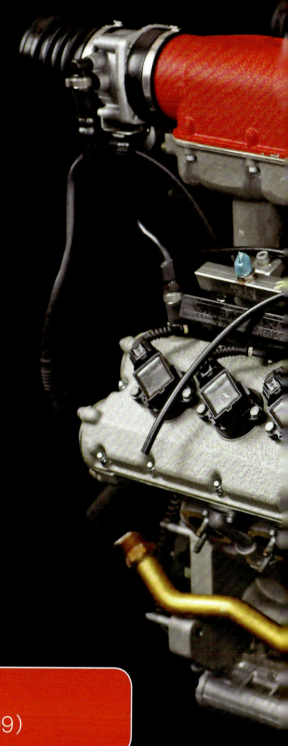

360 Modena
V8 发动机的重生(1999)

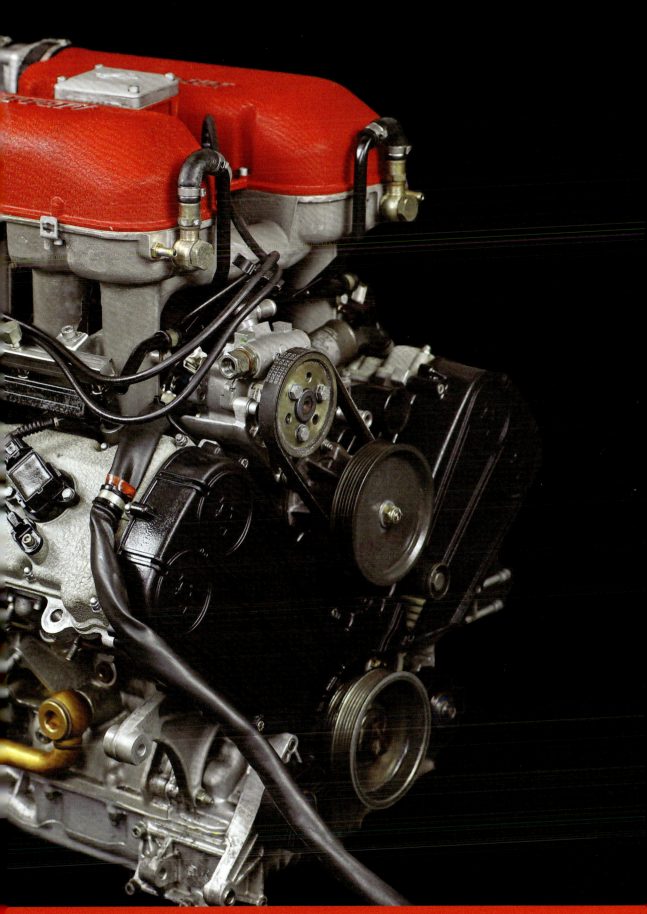

法拉利的新千年车型与以往经典的法拉利车型大不相同，该公司在进入 21 世纪后进行了一系列创新，以保持其在跑车工程领域的全球领先地位。这辆车是 360 Modena，安装的中置纵向 90 度气缸夹角的 V8 发动机在 8000 转/分时可以产生 298 千瓦的动力。这辆车在 1999 年的日内瓦车展上推出，这是马拉内罗最喜欢的车展之一，随后在 2000 年推出了敞篷版。

马拉内罗 V8 公路跑车的故事始于 1973 年由博通（Bertone）设计的 Dino 308 GT4，和它所搭载的 3.0 升发动机，并随着 360 Modena Berlinetta 安装 3.6 升 F131 发动机进入了新千年。发动机构成了 360 Modena 视觉冲击的一部分，因为透过硕大的钢化玻璃制的发动机舱盖可以直接看到发动机。该车具有许多先进的特点，包括六档 F1 电控液压变速器，由方向盘后的两个换档拨片操作——该系统于 1997 年首次出现在 F355 上。此外，F131 型发动机的特点是每个气缸有 5 个气门，3 个进气和 2 个排气，以及一个可变几何形状的进气歧管，通过电

↑ 马勒（Mahle）锻造的八个合金活塞之一，以及和它相配套的缸套。

→ 锻钢平面曲轴，展示了五个主轴承轴颈和共用大端轴承颈。

↓ 八个锻造合金活塞，活塞配有钛合金连杆。

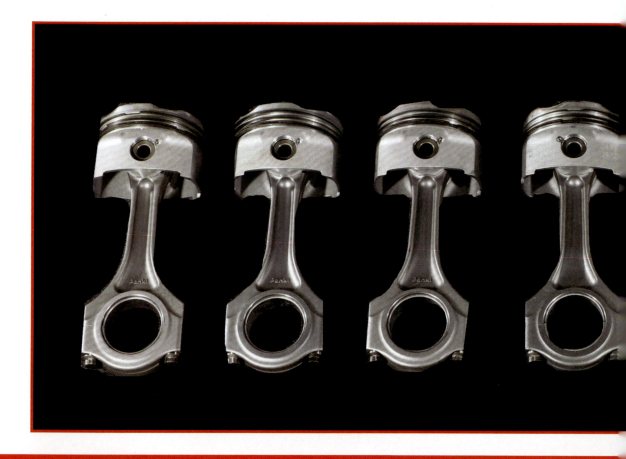

子节气门管理进气,根据转速和当前的发动机运行条件改变进气的路径。该系统优化了转矩和最大功率。这两项创新都源自英国设计师约翰·巴纳德(John Barnard)设计的法拉利 641 F1 赛车。

为了获得最佳动力,法拉利继续使用之前 F355 车型上的每个气缸 5 个气门的设计,并采用带有液压控制可变气门正时系统的钢制气门。该系统不仅控制气门正时,还辅助最佳的空气、燃料混合物的流量。大多数发动机部件,包括气缸体、气缸盖、正时盖、进气歧管、油底壳等是由轻合金制造,具有锻钢制造的平面曲轴和由 Pankl 制造的钛合金连杆。

此时法拉利对发动机细节的关注确实令人吃惊,尽管在随后的 F430 中,已经不再使用钛合金连杆,可能是由于生产成本的原因,就像每个气缸有 5 个气门一样。气缸套采用镍硅碳化物处理,轻合金活塞由马勒制造,窄裙边设计使活塞质量更轻。压缩比为 11∶1。每排气缸列的双顶置凸轮轴通过带有张紧器的传动带由曲轴驱动。发动机采用博世 Motronic ME 7.3 管理系统,每个火花塞配有单独的线圈,并使用了电子线控驱动系统。发动机的点火顺序是 1-8-3-6-4-5-2-7。润滑是通过一个干式油底壳,储油罐位于气缸体后部的差速器上方。得益于所有复杂的部件和系统,发动机的升功率为 84 千瓦/升,发动机最高转速为 8500 转/分。F131 发动机使用了法拉利能够调动的最好的资源,当然技术也是当时最先进的。

F131 发动机的另一个显著特点是其惊人的声音,这要归功于一个特殊的排气系统,该系统的设计既能优化性能,又能调节发动机的声音。

← 气缸盖下方就是燃烧室,每个燃烧室有三个进气门和两个排气门。

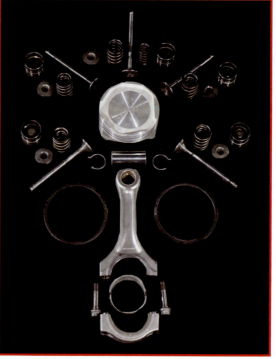

每列气缸的4合1歧管都带有催化转换器,将废气送入可变的背压系统。

安装了计算机控制的 ABS/ASR 和可变阻尼系统,可以选择"Normal"、"Sport"和"Off"三种模式。这包括抗点头和防尾部下沉悬架的几何形状,并控制车轮相对于底盘的垂直运动,程度取决于选择的模式,以及制动力分配(EBD)和 MSR 系统在快速减速时防止车轮锁死。

在法拉利公路跑车的历史上,第一次使用了全铝底盘,采用挤压成型的箱形复合材料和铸

◀◀ 一个钛合金连杆,装有活塞销和轴承盖。

◀ 链传动的机油泵,安装在油底壳内。

↑ 一个气缸的活塞、连杆和气门组件摆出了一个有趣的图案。

◀ 其中一个气缸盖上的凸轮轴齿轮的视图。

↓ 集气室顶部的法拉利跃马标志和"Ferrari"铭牌非常显眼。

造材料的组合,再将轻合金车身铆接并粘接在其上,形成一个单壳体结构。法拉利与美国铝业公司(Alcoa)合作开发了底盘,这是一家主

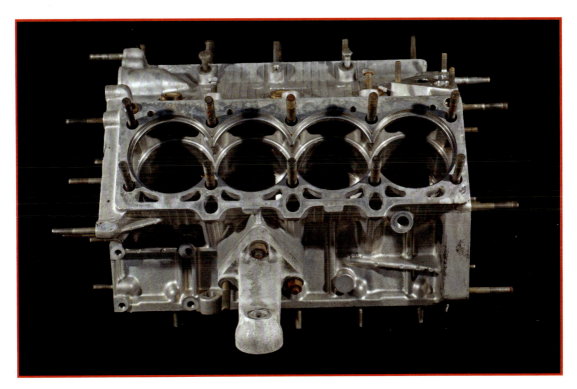

↑ 气缸盖下方就是燃烧室，每个燃烧室有三个进气门和两个排气门。

要从事航空航天领域的跨国公司，他们曾合作推出 408 RM 四轮驱动原型车。合金车身和单体壳以及轻合金悬架部件有助于将车重从之前 F355 的 1440 千克减少到 1290 千克。轴距为 2600 毫米（比 F355 长 150 毫米），前后轮距分别为 1679 毫米和 1617 毫米（再一次超过了 F355）。

这款车精致的空气动力学特性需要在车头两侧各安装一个散热器，这使得它的造型与众不同。这使得空气可以通过汽车底部的两个扩散器集中输送，通过"地面效应"增加下压力，而不需要借助后尾翼。

与 F355 相比，360 Modena 的重量更轻，排量增加到 3586.20 毫升的 F131 V8 发动机更是充满活力，在 8500 转/分时可以产生 298 千瓦的动力，推动 360 Modena 达到 295 千米/时的最高速度，而 0—100 千米/时加速仅需 4.5 秒。

如前所述，法拉利为 360 Modena 提供了六档电控 F1 变速器作为选装配置。它比安装在早期 F355 上的那个版本更快，并且能够在大约 100 毫秒内进行换档操作。该系统允许手动降档，由于中置发动机就位于驾驶者的身后，发动机在连续降档过程中产生的轰鸣声对于发烧友来说绝对是一种听觉上的享受。尽管大多数车主会选装 F1 变速器，但 360 Modena 的标准配置是带有经典金属面板的手动六速变速器。这款变速器安装了瓦莱奥（Valeo）制造的干式单片离合器。

由于它的美丽的造型和卓越的性能，这款车对法拉利的客户非常有吸引力，马拉内罗制造了超过 18000 辆 360 Modena 和 F131 型发动机。（底盘编号从 1043/6 到 140647）。

在 360 Modena 的生产接近尾声时，法拉利创造了一个更极端的道路版本——限量生产的 Challenge Stradale。顾名思义，这是 Challenge 系列赛车的街道（stradale）版本，

↑ 集气室内部的展视图,显示电子控制阀门(在这张照片中关闭)操作的可变进气歧管。

法拉利 360 Modena – 技术数据

发动机代码	F131
发动机类型	中置纵向,90 度夹角,V8
缸径×行程	85 毫米 × 79 毫米
总容量	3586.20 毫升
单缸容量	448.28 毫升
压缩比	11 : 1
最大功率	294 千瓦 /(8500 转 / 分)
升功率	82 千瓦 / 升
气门配置	每气缸列双顶置凸轮轴,每缸五气门
燃油供给	博世 Motronic ME7.3 电子喷射
点火	每缸单火花塞,每个气缸的火花塞上有单独的线圈,博世 Motronic ME7.3 点火系统
润滑系统	干式油底壳
离合器	干式单片
最大转矩	373 牛·米 /(4750 转 / 分)
点火顺序	1-8-3-6-4-5-2-7

比标准车型轻了 110 千克,显然这都转化为了性能的提升。通过对发动机的微调,这款发动机以 88.4 千瓦/升的升功率创造了当时自然吸气发动机的最高升功率纪录。此外 F131 型发动机还安装在一款特制的 360 敞篷车中,它是由詹尼·阿涅利(Gianni Agnelli)委托制造的,作为送给时任法拉利总裁卢卡·迪·蒙特泽莫罗(Luca di Montezemolo)的结婚礼物。宾尼法利纳为这款车设计了一个独特而美丽的车身,采用"纽博格林灰色"涂装,前风窗玻璃非常低而陡峭并

↓ 其中一个气缸盖的展视图,气缸盖侧面装有气门和排气口。

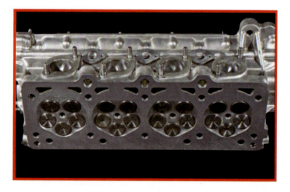

➡ 组装好的离合器和飞轮组件。注意为了装配平衡而钻的孔（光泽处）。

⬇ 瓦莱奥（Valeo）制造的干式单片离合器摩擦盘。

且没有任何侧面支撑。头枕后面的后侧板与标准的敞篷车型形状不同，而且这辆车完全没有顶篷，因为这会扰乱这部杰作的美感。

其实在收到这份礼物之前，蒙特泽莫罗就已经是 360 Modena 的粉丝了，他宣称这个车型在全世界都是成功的，因为在性能和驾驶乐趣之间取得了平衡，销售的成功也证明了这一点。法拉利当时的首席试车手达里奥·贝努齐（Dario Benuzzi）是这款车的另一个粉丝。在推出敞篷版的 360 Modena 后，贝努齐称这款车是马拉内罗生产过的最好的 V8 敞篷车。他说，驾驶乐趣是源于积极的加速响应，而且车辆的操控非常出色。

从 2000 年到 2006 年，360 Modena 被用于比赛（如之前的 348 和 F355），无论是在法拉利系列挑战赛，以及国际汽联 N-GT 锦标赛。法拉利与长期合作伙伴米歇洛托汽车公司（Michelotto Automobili）合作开发了一款更强大的车型——360 Challenge，这是为国际 GT 锦标赛制造的 360 N-GT。赛车版本的 F131 V8 发动机是由法拉利的客户赛车部门（Corse Clienti）在马拉内罗与米歇洛托（Michelotto）共同开发，特点是更轻的活塞、高升程凸轮轴、重新设计的燃烧室和重新编程的发动机管理系

↗ 干式油底壳采用轻合金铸件，请注意干式油底壳与湿式油底壳相比，显得非常浅。

➡ 进气歧管带有可变长度的进气系统（盖子已拆除）——这是从法拉利的 F1 赛车上借鉴的技术。

360 Modena V8 发动机的重生（1999）

统，车身也做了相应的修改。2001 年，JMB 车队（作为法拉利官方支持的车队）凭借这款车赢得 FIA N-GT 世界锦标赛车队和车手总冠军称号。2003 年，法拉利公司的客户赛车部门和米歇洛托共同开发了 360 GTC，这款车由 336 千瓦的 F131 V8 发动机驱动，由于车身采用了复合材料，车重被降至 N-GT 规则要求的最低重量 1100 千克。

这款成功的 90 度夹角 V8 发动机用在赛车

◤ 进气歧管的另一角度的视图，配有红色的集气室盖。

↑ 两个四合一排气歧管中的一个，具有隔热功能。

↓ 轻合金缸体的视图（倒置），可观察到曲轴主轴承的安装位置，长凸螺栓用来固定主轴承盖。

上只是延长其寿命的众多步骤之一。事实上，在制造了超过 18000 辆 360 Modena 后，这款 V8 发动机的平面曲轴安装在随后的法拉

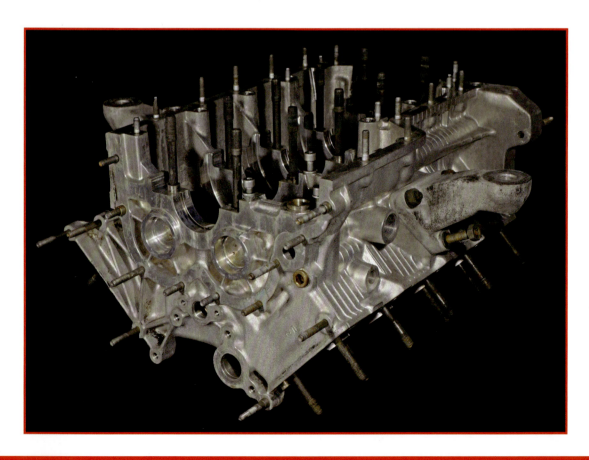

利 F430 上，当然排量也扩展到 4.3 升，功率达到 328 千瓦，发动机型号演变为 F136 E。2009 年，发动机排量再次增加，发展为 4.5 升 F136 F 型发动机，使用在 458 Italia 上。由于全球排放控制越来越严格，这可能是法拉利最后一款自然吸气 V8 发动机，其衍生型号安装在前置发动机的 California 上面。它在 2011 年、2012 年和 2014 年国际年度发动机评选中荣获 4.0 升以上最佳性能发动机奖。今天，V8 家族的新成员，型号为 F154 CB 的 3.9 升双涡轮增压发动机接过了接力棒，这台发动机在 2016 年获得了最佳新发动机大奖，并在 2017 年获得了年度国际发动机奖和最佳性能发动机奖。这款双涡轮增压发动机安装在 488 GTB 上，其输出功率为 500 千瓦，使车速能够达到 330 千米/时，并在短短的 3.0 秒内完成 0—100 千米/时的加速。像它的前身一样，衍生型号已经安装在 California T 和 Portofino 两款前置 V8 发动机车型中。毫无疑问，这款有着 45 年历史的法拉利 V8 发动机的下一次升级将带来更多的惊喜！

↑ 钢制曲轴位于缸体内，但还没有安装主轴承盖。

↓ 将组装好的气缸盖安装在裸露的缸体上，油底壳已安装到位。

跃马之心：揭秘法拉利发动机技术

↑ 在法拉利公路跑车的历史上，前进气格栅第一次被两个进气道所取代，这两个进气道的设计灵感来自法拉利的一级方程式赛车 156 F1。

↑ 经典的圆形尾灯和跃马徽章证明了这款车纯正的血统。

➜ 排气管周围的小孔与车前部的进气口交相辉映。

↘ 车门后部凹进车身的进气口，令人联想起 250 LM。

↘↘ 安装有机玻璃罩的前照灯有利于空气动力学，与整车以曲线为设计主题保持了一致。

↘↘↘ 五辐轻合金车轮和制动钳上都带有法拉利的标志。

↓ 宾尼法利纳在设计 360 Modena 的外形时借鉴了之前几款车型，创造了又一款法拉利经典车型。

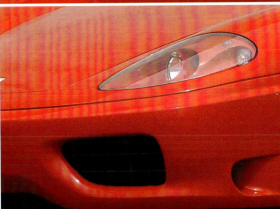

FF
第一台搭配四驱系统的法拉利发动机（2011）

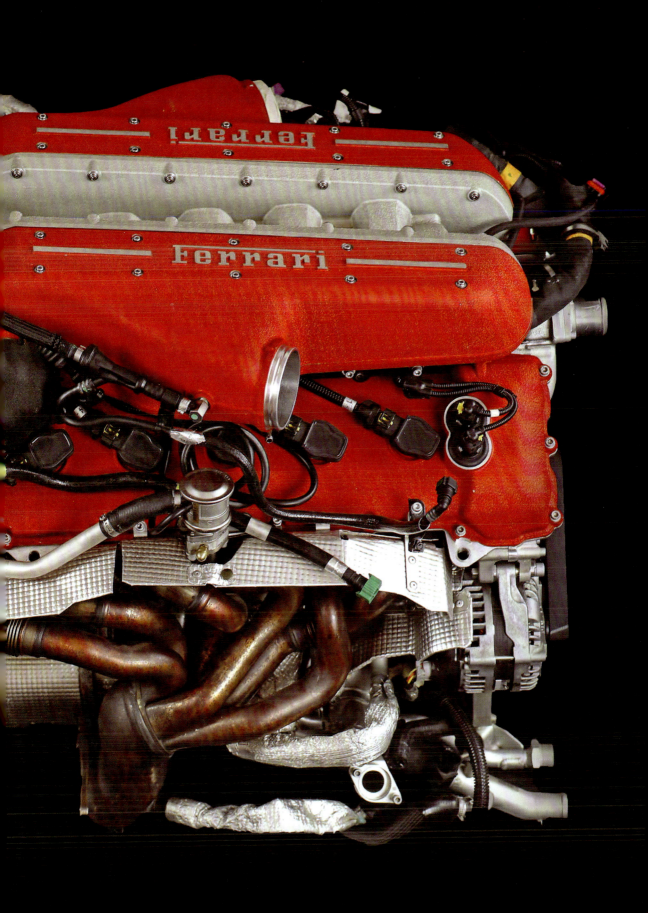

FF 第一台搭配四驱系统的法拉利发动机（2011）

← 发动机代码和底盘编号被压印在油底壳铸件上。

← 一个不同寻常的"苹果形"燃烧室，有四个气门。燃油直喷系统会将燃料从"苹果"顶端的"把"喷入燃烧室。

2011年法拉利发布了FF（四轮驱动，四座车的首字母缩写），这款跑车由马拉内罗工厂生产的最大排量的公路跑车发动机提供动力。这款自然吸气式发动机排量6.3升（6262毫升），是双顶凸轮轴65度气缸夹角的V12发动机，代号F140 EB。FF旨在成为一款全能的GT（Gran Turismo）跑车。这款大排量发动机开启了一个新的发动机系列，在F12 Berlinetta（发动机代码F140 FC），F12 TdF（发动机代码F140 FG）和GTC4 Lusso（发动机代码F140 ED）上，这款纵向安装的发动机根据安装车型的不同做了些许修改。此外，这款功能强大的发动机（发动机代码为F140 FE）也适用于首款混合动力法拉利——中后置发动机的LaFerrari（限量生产500辆）和LaFerrari Aperta（限量生产210辆）。在混合动力车型中，发动机和120千瓦的"HY-KERS"装置共同提供动力。

正如法拉利的传统所做的那样，这款"猎装"GT跑车的开发参考了竞争对手的技术，并配备了电子控制的后差速器（E-diff），以及最新版本的法拉利稳定控制系统（F1-Trac）。

凭借FF，一款四轮驱动的公路跑车终于出现在法拉利的阵营中，因为这一项目已经尘封在抽屉里几十年之久了。事实上，毛罗·福格里（Mauro Forghieri）——法拉利公司历史上最重要的工程师之一——从一个年轻的工程师起步，最终成为技术总监，他在近30年的时间里（1960—1987年）研制出一款试验性的四轮驱动公路跑车。这辆408 4RM（Ruote Motrici，4RM即4轮驱动），1987年在底特律汽车展

↘ 一个喷了红色油漆的凸轮轴盖与火花塞孔的特写。

← 每个锻造合金活塞的顶部都有切口以容纳气门，并且还包括燃烧室的延伸部分。

上亮相，四个月后福格里离开了马拉内罗。法拉利的第一辆四轮驱动的公路跑车，在 1988 年制造了两辆原型车，一辆红色的（底盘编号为 70183，在底特律车展展出），一辆黄色的（底盘编号为 78610）。第二辆原型车采用了单壳体车身底盘，这种底盘结构最终在 1999 年上市的 360 Modena 上量产化。408 的创新四轮驱动系统有两个机械差速器，在正常的驱动条件下，可以为前轮提供 29.3% 的动力分配，后轮的动力分配为 70.7%，还有一个液压控制系统根据驾驶状况调整动力分配比例。408 原型车上使用的发动机是纵向安装的 90 度夹角的双顶置凸轮轴 V8 发动机，每缸四气门，排量为 3999.66 毫升，发动机在 6250 转 / 分时可以输出 224 千瓦，压缩比为 9.8：1。这款发动机来源于法拉利公路跑车的 V8 车系，当时的车型为 328 GTB 和 GTS，但排量有所增加。令人不解的是，这款发动机只安装在这两辆原型车上。经过近 25 年的飞跃，法拉利推出了有史以来最强大的 V12 发动机——F140 EB，它能够在 8000 转 / 分时提供 492 千瓦的动力。

↑ 一个锻钢连杆，大端轴承盖用螺栓固定。

2011 年 3 月，在 FF 的国际媒体发布会上，法拉利选择了一个合适的地点来展示这款车的品质和特点。法拉利将两辆全新的 FF（连同一架波音 CH-47 支奴干直升机），带到了意大利白云石山脉的一处冰天雪地中。这款车创新的"猎装车"造型，由法拉利造型中心的弗拉维奥·曼佐尼（Flavio Manzoni）与宾尼法利纳前设计总监洛伊·维米尔斯（Lowie Vermeersch）合作设计。

↓ 轻合金气缸体铸件，配有经过镍硅碳化物处理的气缸套。

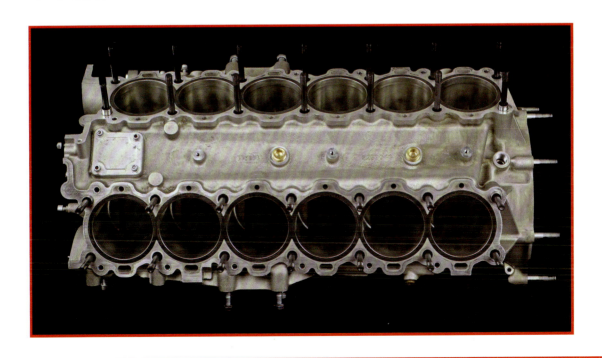

负责汽车布局的工程师是弗朗科·西玛蒂（Franco Cimatti），他从福格里的 408 RM 项目中获得灵感开发了这款车，研制出一套用于驱动前轮的创新动力传输单元。FF 似乎汲取了 458 Italia 的设计元素，前照灯的形状和双圆形尾灯与后者非常相似。该车的灵感还来自宾尼法利纳在 2007 年发布的 Sintesi 概念车，猎装车的造型旨在结合一辆旅行车的特点和实用性——宽敞的后排空间和尾门。法拉利此类车型的制造可以追溯到 1996 年，当时宾尼法利纳受文莱王室的委托设计了一系列定制的 456 GT 车型，其项目名称为"威尼斯"（Venice），其中的 5 辆车都是猎装车。这些猎装车的车身比双门轿跑车的车身长 20 厘米。对于这一不同寻常的要求，据称文莱王室花费了 900 万美元。在宾尼法利纳制造的这个非官方系列 15 年之后，法拉利制造了自己的猎装车型。

之前在四座法拉利 612 Scaglietti 上的那台前置纵向安装的 V12 发动机基本保持不变，但是发动机排量从 5748 毫升增加到了 6262 毫升。

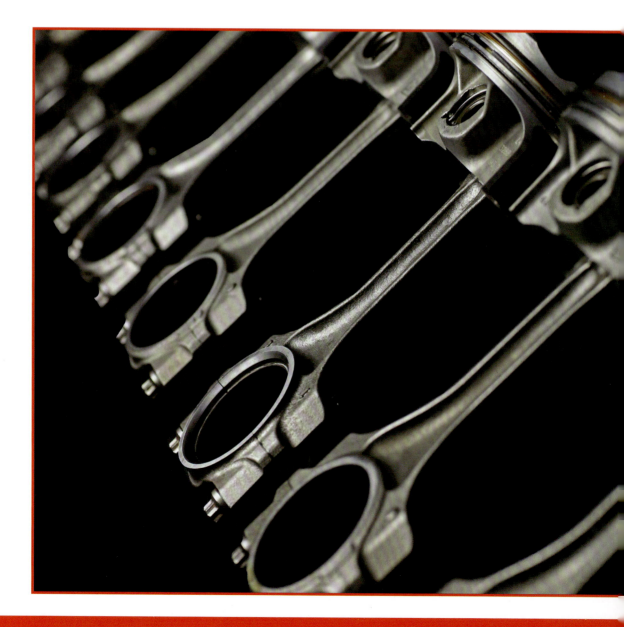

为了优化新款法拉利四座车型的重心,并获得更好的前后重量分配(612 Scaglietti 为 47% 和 53%),FF 发动机的安装位置更加靠后。

四轮驱动变速器的创新布局加上法拉利的"E-diff"系统,舍弃了传统的前后差速器,通过第二变速器将发动机的动力(通过来自曲轴的齿轮)直接传递到前轮。这种被称为 PTU(动力传输单元)的变速器,只有两个前进档(第二和第四)和一个倒车档。PTU 的传动比比主变速器(整合在后驱动桥中)的传动比高 6%。PTU 和每个前轮之间的驱动是通过独立的 Haldex(瑞典瀚德公司)制造的离合器完成的,没有传统的差速器。前离合器不断滑动,最大传递 20% 的发动机转矩。双离合器变速器与后变速驱动桥是整合在一起的,一个离合器用于偶数换档,另一个用于奇数换档。该系统提供平稳的转矩传递和几乎无缝的换档操作。变速器拥有 7 个档位,由方向盘上的拨片操作,类似于 458 Italia 和 F12 Berlinetta 上使用的系统,通过电子控制前桥的动力分配以优化牵引力。四轮驱动的设计使得整套传动系统的主要质量集中在汽车后部(保持良好的平衡),并且还有助于减轻重量。整套系统包括 PTU 和前离合器,重量仅为 45 千克——比传统四驱系统低约 50%。

电子控制的悬架采用电磁可变减振器,可通过控制系统激活的电磁铁控制阻尼特性。制动系统采用碳纤维盘,源自 599 GTO。

功能强大的 F140 EB 发动机是马拉内罗工厂生产的 6.3 升系列中的第一款,几乎全部采用轻合金(活塞、缸体、缸盖、正时盖、油底壳等)制造,采用经过镍硅碳化物处理的气缸套(94 毫米缸径和 75.2 毫米行程)。活塞有非常浅的裙边以减轻重量,而曲轴、连杆、凸轮轴和气门都是钢制的。凸轮轴通过三重链条驱动。各气缸组的歧管相互连接,这有助于排气脉冲调谐以改善性能。

发动机采用燃油直喷系统,博世 Motronic 发动机管理系统控制喷油和点火时间,喷油器将燃油直接喷入燃烧室,双点火线圈为每个气缸的单火花塞供电。

尽管 FF 的重量为 1880 千克,6.3 升发动机还是能将这艘四座"战斗巡洋舰"推进到 335 千米/时的惊人速度,0—100 千米/时加速只

← 轻质活塞、连杆组件的特写照片。请注意极浅的活塞裙边。

有 3.7 秒。这得益于发动机在 6000 转 / 分时 683 牛·米的巨大转矩和 492 千瓦的功率。发动机压缩比高达 12.5∶1。

法拉利的第一台 65 度气缸夹角的 V12 发动机出现于 1992 年,发动机型号为 F116 B,首先装备的车型是 456 GT 2 + 2。

在 20 世纪 90 年代,法拉利的工程师们决定放弃之前所有克罗布设计的 60 度气缸夹角 V12 发动机的设计理念,公路跑车发动机的设计将源自 F1 赛车。事实上,由于国际汽联的新规定,1989 年 V12 自然吸气发动机被引入一级方程式赛车。V12 发动机的转速与最小的机械振动在气缸夹角为 60 度时达到完美的平衡,但采用先进的点火正时控制后,65 度夹角成为了 V12 发动机的最佳选择,更为重要的是为发动机提供了较低的重心。对于从 456 GT 到现在的所有法拉利 V12

↑ 倒放的一个铸造合金气缸盖,排气口面向大家。

→ 锻造钢曲轴,有 7 个主轴承轴颈和共用的大端轴颈。

↓ 一个气缸盖内部的视图,安装了气门(每个气缸四个气门),但是凸轮轴被移除。可以看到气门杆的顶部和气门弹簧盖。

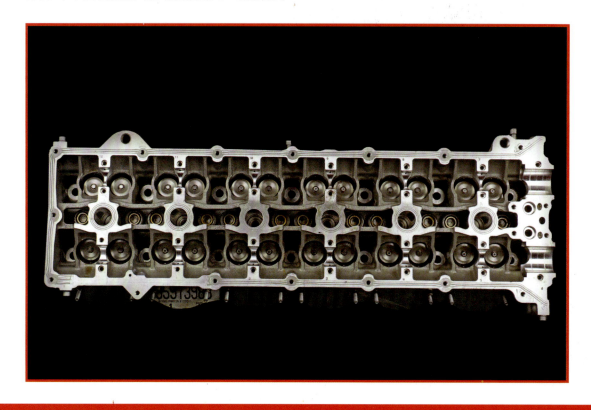

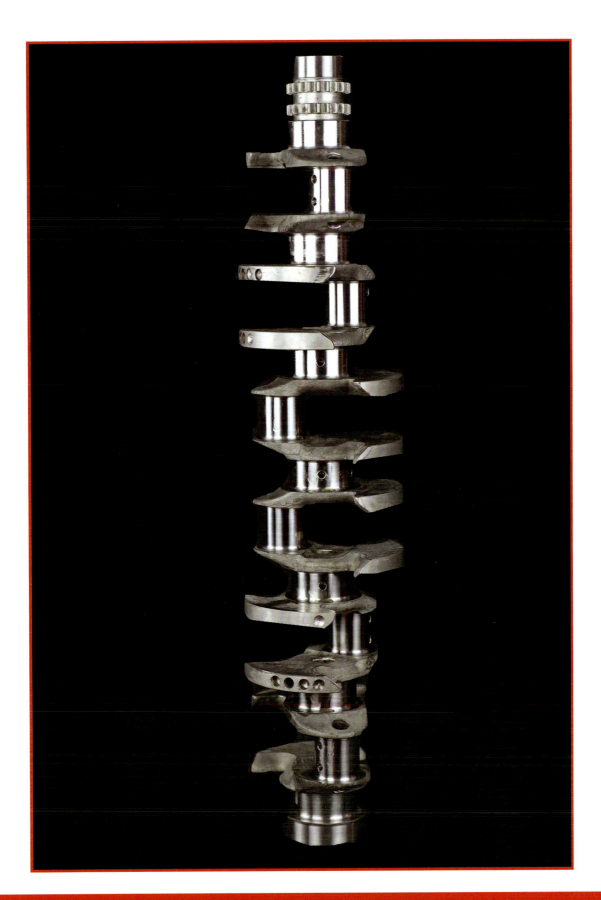

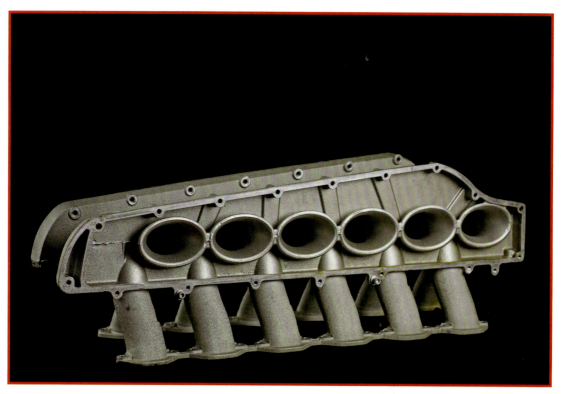

↑ 铸造合金进气歧管,安装在气缸盖和集气室之间。

法拉利 FF – 技术数据

发动机代码	F140 EB
发动机类型	前置纵向,65 度夹角,V12
缸径×行程	94 毫米 × 75.2 毫米
总容量	6262 毫升
单缸容量	521.83 毫升
压缩比	12.3∶1
最大功率	486 千瓦/(8000 转/分)
升功率	77 千瓦/升
气门配置	每气缸列双顶置凸轮轴,每缸四气门
燃油供给	博世 Motronic 缸内直喷
点火	每缸单火花塞,双线圈,博世电子管理点火系统
润滑系统	干式油底壳
离合器	双离合电子系统
最大转矩	683 牛·米/(6000 转/分)
点火顺序	1-7-5-11-3-9-6-12-2-8-4-10

发动机,65 度的气缸夹角已成为标准配置。

马拉内罗四座车的故事始于 20 世纪 60 年代。事实上,正是在 1960 年,第一辆"真正"的法拉利 2 + 2 车型首次亮相,250 GT/E 是这一系列舒适跑车中的第一款。在近 60 年的时间里,法拉利一直在生产四座车型,但这些车型的尺寸都是极简主义,后排只适合儿童。尽管这些四座车型从未像他们生产的双座车型那样受欢迎,但法拉利这些年来仍然在生产 2+2 车型。如前所述,第一款 2+2 车型是 250 GT/E,随后在 1964 年推出了 330 GT 2+2,之后还有 1967 年 的 365 GT 2+2、1971 年 的 365 GTC/4、1972 年 的 365 GT4 2+2、1973 年 的 308 GT4、1976 年的 400 系列、1980 年的 Mondial 系列、1985 年 的 412、1992 年 的 456 GT、2004 年的 612 Scagliett、2008 年的 California 系列和 2011 年的 FF,以及直至 2016 年的

↑ 一个气缸的气门、气门弹簧（一个在另一个的里面构成一组）和弹簧帽。

→ 其中一个气缸组的特写视图，其中一个缸套已经安装到位，顶部安有密封圈。

GTC4 Lusso 和 2017 年的 Portofino。

迄今为止，140 型发动机家族最极端的进化是 2017 款 F140 GA，排量为 6496 毫升，是法拉利有史以来排量最大的发动机。这款发动机安装在 812 Superfast 上。2002 年，第一台 F140 B 发动机被安装在"收藏级车型"法拉利 Enzo 的发动机舱内，这款车型共生产了 400 辆。法拉利 65°夹角的 V12 发动机展现出持久的可创新性，而且输出功率也在不断增加。事实上，这款 812 Superfast 的输出功率达到了令人难以置信的 597 千瓦，在法拉利的历史上，这还是第一次有了一个与功率相关的车型名称：812——800 马力和 12 个气缸。如果这还不够的话，

↗ 一个缸盖铸件后部的倒立视图，凸轮轴位于照片的底部。

→ 红色涂装的集气室上面标有"Ferrari"字样。

F140 发动机家族还拥有法拉利有史以来最强大的发动机，LaFerrari 在使用了"Hy-KERS"辅助动力装置后，整套动力总成的最大功率为 718 千瓦。似乎 V12 的配置在未来会发出更大的轰鸣声，并且随着不断发展的技术，会演奏出与交响乐团相媲美的绝佳音质。然而展望未来，电力装置和相关技术的进步，法拉利 V12 交响曲是继续演奏它惊人的咆哮声，还是我们将适应计算机模拟的人造声音？

↖ 干式油底壳铸件内部的视图，展示了曲轴下部的主轴承位置。

↑ 干式油底壳铸件的底面。

→ 铸造合金离合器钟形外壳，安装在发动机的后部，并通过传动轴驱动后桥。

↓ 复杂的合金前正时盖铸件清楚地显示了气缸的 65 度夹角。

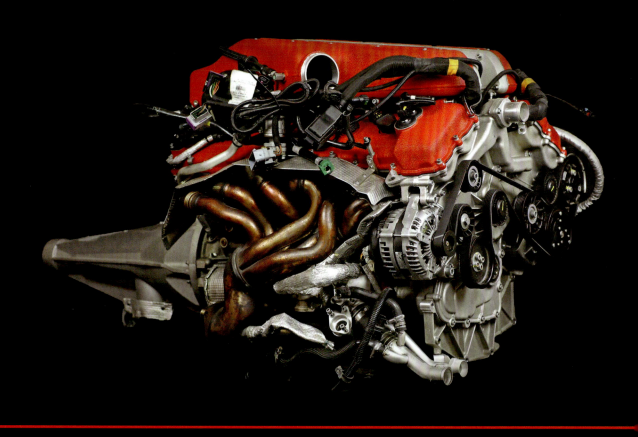

↑ 从 275 GTB "长鼻"造型上获得的设计灵感，FF 的车头安装一个曲面的进气格栅，空气通过这里进入前置发动机。

↑ 法拉利生产的第一辆四轮驱动的公路跑车，尾部采用了"猎装车"的设计。

➔ 翼子板上的通风口后面装有跃马标志，是向法拉利的赛车传统致敬。

↘ 单独的圆形尾灯组位于尾门两侧雕刻般的凹槽中。

↘↘ 锥形前灯组造型设计灵感来自 458 Italia 那个极具侵略性的车鼻。

↘↘↘ 235/35 R 20 的前轮和 285/35 R 20 的后轮，再加上四轮驱动变速器使 FF 可以应对艰难的道路状况。

↓ FF 是一辆真正的四座车，但车身纤细而且符合空气动力学。

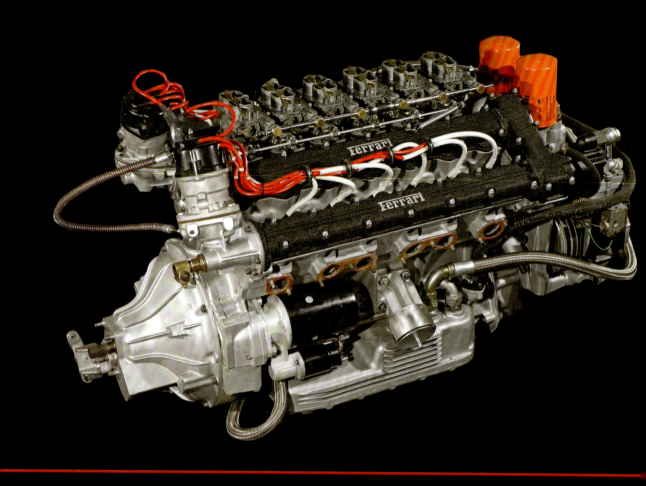

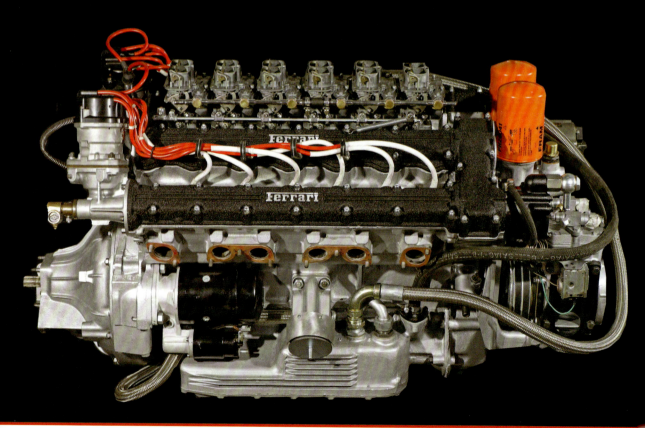

更多的公路跑车发动机

为了完成这本书的公路跑车部分，我们再看两款与前面几页所涉及的发动机相关联的公路跑车发动机。这两款发动机为法拉利有史以来最具标志性的两款车型提供了动力——1968 年首次亮相的 365 GTB4 Daytona，以及 1987 年为庆祝法拉利成立 40 周年而制造的 F40。

← 为法拉利 365 GTB4 Daytona 提供动力的 4.4 升双顶置凸轮轴 V12 发动机来自 275 GTB4 中使用的发动机，它的技术特点与前文出现的 330 GTS 的发动机类似。

↓ 为法拉利 F40 提供动力的 351 千瓦的 2.9 升双涡轮增压 V8 发动机——如图所示，它纵向安装的变速器在差速器的后面，位于车辆的最后部，这种安装位置是从 1984 年的 GTO（288）上传承下来的。

赛车发动机

正如前文提到的法拉利的哲学一直是赛车引导着进化，法拉利公路跑车发动机的大部分技术都源于法拉利的赛车技术，还有什么比欣赏几款法拉利设计精美的赛车发动机更好的方式来结束这本书呢？

→ 奥雷利奥·兰普蕾蒂（Aurelio Lampredi）设计的四缸双顶置凸轮轴 2.5 升发动机，安装在 1955 年的法拉利 Super Squalo 赛车上。该发动机在 7500 转 / 分时能够产生 201 千瓦的动力。

← 竞赛版本的 3.3 升单顶置凸轮轴 V12 发动机，安装在 1965 年的法拉利 275 GTB / C 上，它的公路跑车版本在前文有所介绍。

→ 1970年的法拉利竞赛车型512 S上所搭载的5.0升双顶置凸轮轴V12发动机，最大输出功率约为400千瓦。

← 竞赛版的308 GTB上所搭载的3.0升双顶置凸轮轴V8发动机，它的公路跑车版本在前文有所介绍。

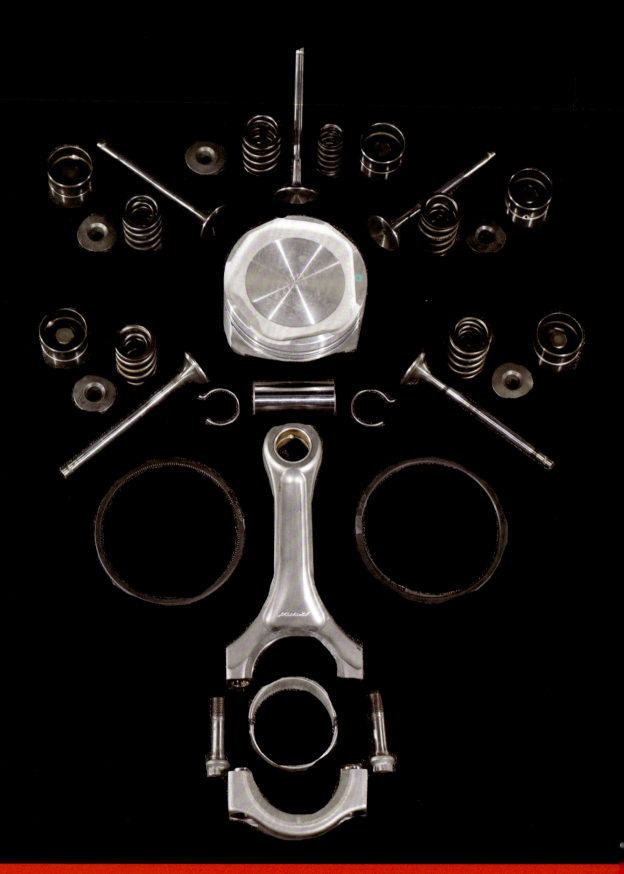